人物叢書

新装版

慶滋保胤《よししげのやすたね》

小 原　仁

日本歴史学会編集

吉川弘文館

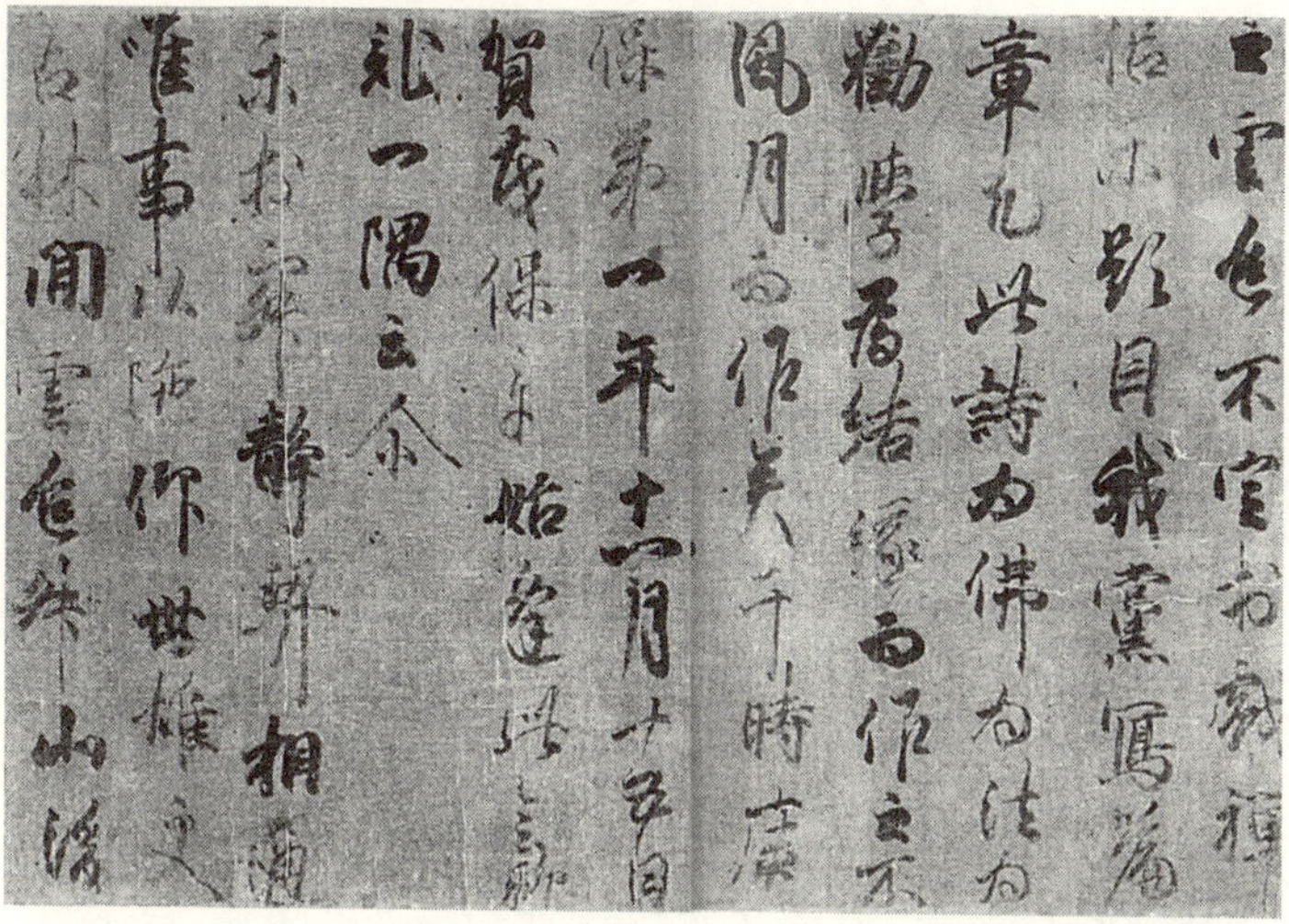

康保元年十一月「勧学会記」（西新井大師総持寺蔵）

康保元年（九六四）十一月十五日に東山親林寺で開催された勧学会の次第を源為憲が記録したもの。昭和五十八年（一九八三）、東京都足立区の西新井大師総持寺から発見された（本文四九頁参照）。

之雲色不レ定、於戯禅侶示二題目一、我党写二篇章一、凡此詩為レ仏為レ法為二勧学一為二結縁一而作レ之、不二風月而作一矣、于レ時康保第一年十一月十五日、賀茂保章始逢二此会一、聊記二一隅一云爾、
楽レ於二寂静一契相通、
唯事二頭陀一仰二世雄一、更、
占二林間一雲色叔、山後

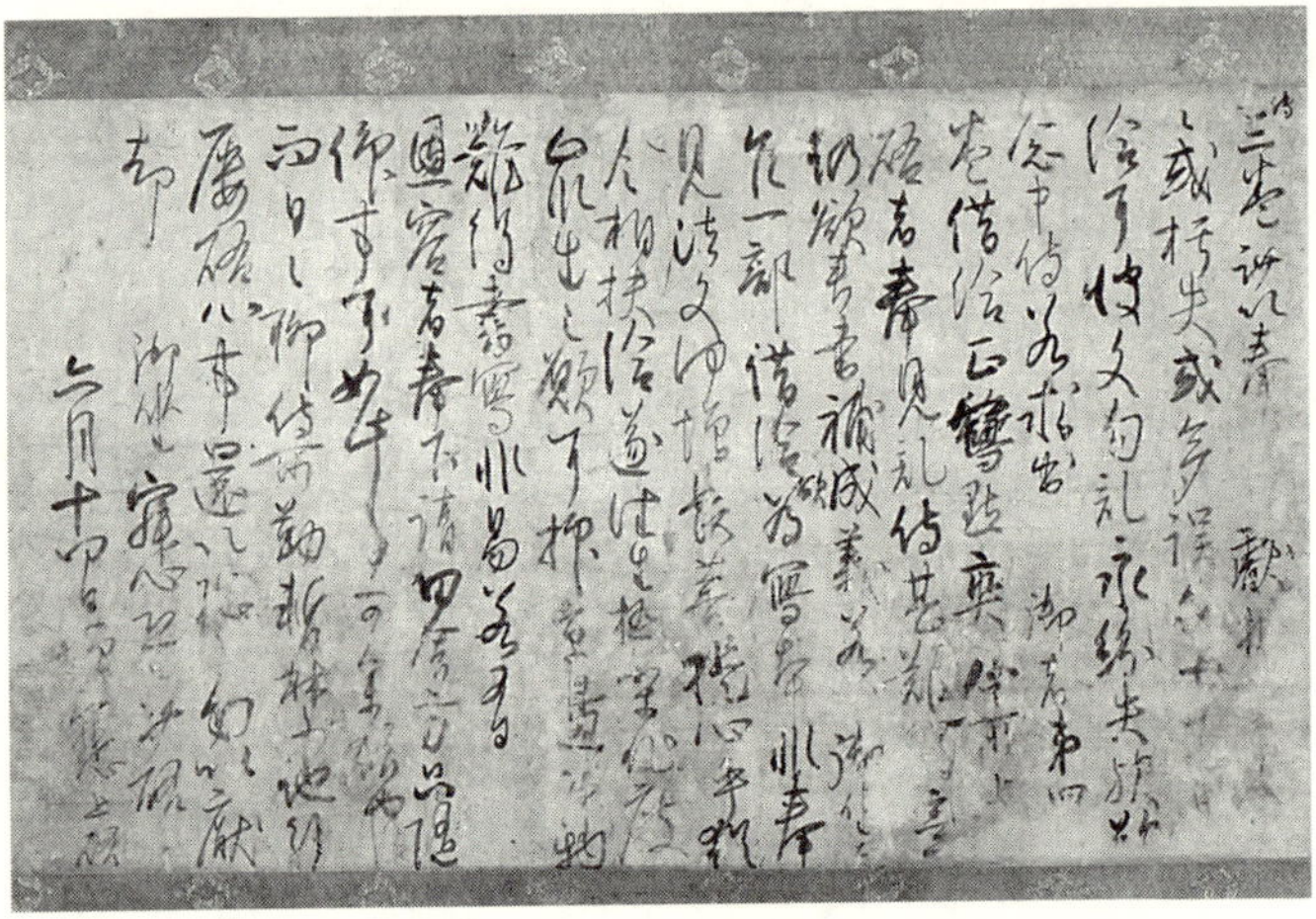

紙本墨書慶滋保胤書状（年未詳6月14日，東京国立博物館蔵，Image：TNM Image Archives）（本文209頁参照）

はしがき

慶滋保胤《よししげのやすたね》は陰陽家《おんよう》賀茂忠行《かものただゆき》の次男として天慶《てんぎょう》六年（九四三）ころに生れ、長保《ちょうほう》四年（一〇〇二）十月二十一日に亡くなった。父子の姓が違うのは改姓したからである。陰陽道の専門家を父としながらそれとは異なる紀伝道に進み、位階は六位から五位に、官職は文筆官僚たる内記《ないき》に至った。しかるに内記としての活躍の時期は、ほぼ円融朝（在位、九六九～九八四）から花山《かざん》朝（在位、九八四～九八六）にかけての五～六年にすぎず、寛和《かんな》二年（九八六）四月に突然の出家を遂げている。若いころからの信仰心の昂揚と、花山朝政の行き詰まりを慮ってのことと思われる。

保胤は時代を代表する詩文家でもあったから、紋切り型の公文書の作成ばかりでなく、公私の詩会において大いに詩文の才をふるい、後代まで愛唱された詩句を遺し、十代から二十代にかけては天下の才子と褒めそやされた。それらのうちの多くは『本朝文粋《ほんちょうもんずい》』や

『和漢朗詠集《わかんろうえいしゅう》』などに採られている。また代表的な著述としては「池亭記《ちていき》」や『日本往生極楽記《にほんおうじょうごくらくき》』などがある。

「池亭記」は、都市京都の実態をさまざまな角度から切り取って論評し、さらに住むことを通して自己の人世観や処世観を述べたもので、唐白楽天《はくらくてん》の「池上篇并序《ちじょうへんならびにじょ》」に倣《なら》ったものとはいえ、たんなる受売りなどではもとよりなく、平安時代における一知識人貴族の知性の内容が推しはかられる貴重な記録であり、また鴨長明《かものちょうめい》の『方丈記《ほうじょうき》』に影響を及ぼしていることもよく知られた事実である。さらに都市平安京の実態を推察させる好個の史料としてしばしば利用されるところでもある。

『日本往生極楽記』は、極楽浄土に往生したと認められる人々の伝を蒐集《しゅうしゅう》したもので、古今の往生者四十余名が収められている。これまた唐迦才《かさい》の『浄土論』や同じく唐文諗《ぶんしん》・少康の『瑞応伝《ずいおうでん》』を範としたものであるが、若いころからの浄土信仰が四十歳以降とくに昂揚したのが理由であると、みずからその序文に認《したた》めているところであるから、これを信ずべきであろう。保胤の後、大江匡房《おおえのまさふさ》が『続本朝往生伝』を、三善為康《みよしのためやす》が『拾遺往生伝《しゅういおうじょうでん》』『後拾遺往生伝』を著し、さらにいくつかの後続往生伝も編まれていて、浄土信仰史上の先駆として揺るぎない地位を占めている。

このように慶滋保胤は、文筆家として、詩人として、浄土信仰の先駆者として永く歴史に名を遺すことになった。その一部は後代の説話集などに辿《たど》ることができる。

保胤は『往生要集《おうじょうようしゅう》』の著で有名な源信《げんしん》とは同世代で、互いに知悉《ちしつ》の間柄であった。在俗時からともに阿弥陀仏や弥勒菩薩の名を称《とな》え、『日本往生極楽記』が『往生要集』とともに源信により中国に送られるなど、僧界俗界の浄土信仰のリーダー同士、その密接度はきわめて高い。

また晩年にはかの御堂関白藤原道長《みどうかんぱくふじわらのみちなが》とも信仰上の繋《つな》がりがあったようで、保胤没後四十九日の法要には道長から布施物を施されている。時に道長は三十七歳、筆頭公卿の左大臣であったから、保胤在俗時の官位ではありえない殊遇である。おそらく出家により身分の壁が取り払われたのであろうが、それだけでもあるまい。保胤の人間性や信心の在り方が、道長をして俗世の差を超えさせたのであろう。

さらに保胤は『源氏物語』の作者紫式部の父藤原為時《ためとき》とも親交があった。村上天皇の第七皇子具平親王《ともひらしんのう》主催の詩宴に為時とともに藤原惟成《これしげ》・同資忠《すけただ》らと同席し、漢詩を読み交わす詩友であった。

これらの歴史的有名人の知名度には比ぶべくもないにせよ、かれらと直接間接に関わりがあった保胤について、現在、その名を知る人はそう多くはないであろう。ましてや「池亭記」や『日本往生極楽記』が読まれることはあまりあるまい。もし保胤の名やその著述が多少とも知られているとすれば、それはいくつかの日本史の教科書にかれとその作品名が採りあげられているからであり、また文豪幸田露伴《こうだろはん》の『連環記』による宣伝の賜物だろう、と筆者は思っている。

ちなみに高等学校の日本史教科書について慶滋保胤の採録頻度数を見ると、一九六〇年代にはまだ僅かで二十種中二種だが、八〇年代には十五種中五種、今世紀初頭ころには十九種中八種の日本史教科書が採録し、二〇一四年には八種中五種とその比率が増加している（全国歴史教育研究協議会編『日本史用語集』一九六六・一九八四・二〇〇二・二〇一四年版、山川出版社）。おそらく戦後の研究成果が反映されているのであろう。

一方の『連環記』は露伴最晩年の傑作で、昭和十六年、七十五歳の作である。保胤（寂心）と大江定基《さだもと》（寂照）師弟を中心とした物語で、諸記録や詩文や説話などの基本史料を博捜し、その博学多識に裏打ちされた的確な解釈と自在な語り口で、読む者を堪能させる。また慶滋の訓みも「よししげ」などではなく「かも」であると断じるなど、伝記研究としても注目すべき見解が示されている。

さて人物叢書の一冊としてその伝記をまとめるにあたり、改めて慶滋保胤なる人物の全体像を考えてみるに、かれが詩文の才に長《た》けた文人貴族であり、また文筆をもって勤仕した官僚であった事実は、第一に考慮すべき要素である。そして第二は、保胤が終始一貫してきわめて熱心な浄土信仰者であったことであろう。保胤の人物像はこの二つを骨格として形成されている。そしてその肉付けに不可欠なのが自他の詩文であろう。保胤自身あるいはその周辺の人々の詩文は、保胤の人物像を具象化する優れた証拠となるはずだ。ただし保胤は出家後も詩文に対するこだわりを持ち続けたとのエピソードを有するほどの人である。かれの詩文の興趣や香気を的確に伝えることができたかどうか、そして何よりもそれが保胤の人物像を正く且《か》つ豊かに描くことに寄与しているかどうか、存命ならば保胤その人の評価が気になるところである。しかし一般の読者を対象としたまとまった慶滋保胤伝はこれが最初であるし、そこに詩・詩序・記・詔・勅・願文《がんもん》など、さまざまな形式の作品を紹介するのも本書が初めてであろうということを盾にとって筆を進めた。

源信や道長らと知名度を争う理由はない。ただ、かれらと同じ時代の空気を吸い、日本文化史上に少なからぬ足跡を遺した一文人貴族の生涯を読者の記憶の片隅にでも残すため、できるだけその作品を通して保胤自身を語らせること、そしてわかりやすく伝えることに留意した。

末筆になったが、本書を成すにあたり、資料の閲覧や情報の入手など、多くの方々のお世話になった。この場を借りてあつく御礼を申し上げたい。

二〇一六年二月

小原　仁

目次

口絵

挿図

第一　誕生と出自

一　保胤の生年

生年の根拠と通説の生年

保胤《やすたね》は陰陽師《おんようじ》賀茂忠行《かものただゆき》の次男として生れたが、その生年を明確に語るものはなく、有力な手がかりとして、かれの代表的著作「池亭記《ちていき》」の次の一文があるばかりである（原漢文。訓読は新日本古典文学大系。傍訓は、以下すべて新仮名遣いに改めた）。

予《われ》、行年《こうねん》漸《ようや》く五旬《ごしゅん》に垂《なんなん》として、適《たまたま》小宅有り。……天元五載《てんげんごさい》。孟冬《もうとう》十月。家主保胤、自ら作り自ら書けり。

ながく自分の家宅を持たなかった保胤が、齢《よわい》五旬を迎えようとするころになってたまたま小さな住居を手に入れ、その主となることができた。この池亭の造りのあれこれや、住むことを通しての処世論などを記したのが「池亭記」で、それは天元五載のことであった。この「天元五載」と「五旬に垂として」が生年推測の唯一の根拠とされ、天元五年（九八二）を起点として、これより約五十年遡った承平《じょうへい》三年（九三三）前後を誕生年とするのが大方の了解であった。生年推定の根拠がこれだけでは、これ以上に議論を進展させようもなく、したがって諸家も簡単に触れる程度に収めざるをえなかったのである（平林盛得「摂関期における浄土思想の一考察」、後藤昭雄「慶滋保胤」、小原仁『文人貴族の系譜』等）。この点は手許《てもと》にある数種の「池亭記」の註釈も然《しか》り、もしやと披《ひら》き見た文豪の作も「天元五年の冬、保胤四十八、九歳ともおもわれる」とあるばかりで、違いはない（幸田露伴『連環記』）。

五旬は幾歳か

ところがこの「五旬」には、もう少し詰めなければならない問題がある。そもそも五旬を五十歳丁度とするのは自明のことなのか。以下に見るように、これを五十歳丁度、もしくは四十歳台（四十一歳～五十歳）とすることも可能である。「池亭記」の五旬はこの二通りの使い方のどちらなのか。かりに後者の意味で使っていたとすると、「五旬に垂として」とは、四十歳台を目前とした四十歳かそれ以下を意味していようから、保胤の年齢を通説より十歳ほど若返らせることになり、自説とするにはいささかの勇気と周到な準備が必要だ。

ところでわが国の場合、五十歳丁度もしくは四十歳台ではなく五十歳台を五旬とするような文証も少なくなく、なかば常識化している風さえある。そこでまずはこの点の検討から始めたい。

旬の年齢表記上の原則

近年、年齢表記用字としての「旬《じゅん》」と「ぢ」（みそぢ・いそぢ・むそぢなどの「ぢ」）についての示唆的な報告に接することができた。十年を一単位とする年齢表記において、当該数字より一を減じて幾十歳台かを示す方法が、中国唐代には確実に存した。これが原則で、わが国においてもそれに従った表記は数多く見られる。たとえば四旬は三十歳台、五旬なら四十歳台、みそぢ（三十路）は二十歳台、むそぢ（六十路）なら五十歳台とするものである。反証も少なくないが原則はこのようであるようだ、との提言である（高田信敬「年齢表記法について」）。これを踏まえ保胤の生年を十年ほど遅らせる論文も公表されている（佐藤道生「慶滋保胤伝の再検討」）。以下、先学の驥尾《きび》に付《ふ》していささか卑見《ひけん》を開陳《かいちん》したい。

まずは王朝貴族が敬慕してやまない白楽天《はくらくてん》を中心に二、三見てみよう。

年齢と書物の数え方

年齢の数え方は書物のそれに準ずるのがわかりやすい。一巻から十巻を一括《いっかつ》して収めたものを第一帙《ちつ》とすれば四十一巻から五十巻は第五帙であり、その伝《でん》でいけば年齢についても四十一歳から五十歳なら五旬であろうと類推できる。白楽天の「七年の元日、酒に対す五首」（『白氏文集《はくしぶんしゅう》』巻六十四、『白楽天全詩集』）に、

衆《しゅう》は老《おい》て歳《とし》を添《そ》ふを憂《うれ》え、余は衰《おとろえ》て春に入るを喜ぶ。年の第七の祑《ちつ》を開て、指を
屈するに幾多《いくた》の人ぞ

とある。他人は歳を取るのを憂えるが、私は新年を迎えるのを喜ぶ。世の中には私のように六十歳台に入った人はあまり多くはないようだ、との意である。表題の七年元日は唐の大和《だいわ》七年（八三三）元日で白楽天六十二歳、祑は帙に同じで大部の書籍の場合十巻を一帙に収めるが、第七帙は巻六十一から巻七十までであり、この詩の場合、年齢が第七帙と同じく六十一から数える段階になったとの謂《いい》である。佐久節註解『白楽天全詩集』（四）がこの「第七祑」を〔字解〕として特別に取り上げ、「六十一歳より七十歳までをいふ」と簡潔に注したのは、世間の陥りやすい誤解をさりげなく糺《ただ》さんとしたためか。

七旬は六十歳台

旬の事例を「達哉楽天行《たつさいらくてんこう》」（『白氏文集』巻六十九、新釈漢文大系）に見てみよう。

達《たつ》なるかな達なるかな白楽天、東都《とうと》に分司《ぶんし》たること十三年。
七旬纔《わずか》に満ちて冠已《かんすで》に挂《か》け、半禄未《はんろくいま》だ及ばずして車先《ま》ず懸《か》く。
（略）
吾《われ》今已に年七十一、眼《め》昏《くら》く鬚《ひげ》白く頭風眩《かしらふうげん》す。

これは会昌《かいしょう》二年（八四二）、白楽天七十一歳の作である。細かな語釈は引用書に譲るとし

て、留意すべきは「七旬纔かに満ち」である。「七十歳がやっと終わろうとしたばかりの冬になると、さっさと官職を辞し、退官後の官俸半分もまだ支給されないうちに、ともかくも官庁を去ってしまった」との意であるが、上の第七帙に準じて考えれば、七旬は七十歳を上限とする十年間、すなわち六十歳台（六十一歳〜七十歳）を指すとしなければなるまい。七十歳はそれが満ちた年齢なのである。

五旬は四十歳台

次の場合はどうであろう（『白氏文集』巻五十一、「九日の宴《えん》の集まり、酔ふて郡楼《ぐんろう》に題し、兼ねて周《しゅう》・殷《いん》二《に》判官《はんがん》に呈《てい》す」、新釈漢文大系）。

　五旬《ごじゅん》已《すで》に過ぐれば夭《よう》と為さず、七十期《き》と為すは蓋《けだ》し是《こ》れ常《つね》。
　須《すべか》らく知るべし　菊酒登高《きくしゅとうこう》の会《かい》、此《こ》れより多くも二十《にじゅう》場《じょう》無《な》しと。

唐の宝暦《ほうれき》元年（八二五）九月九日、白楽天五十四歳の作である。「人生五十過ぎれば若死にとはいわれぬし、七十が一区切りでまあ常命《じょうめい》といふもの。必ずわかってもらいたい、この菊酒登高の会も、今後多くても二十回もありえぬことを」といった意味である。五旬を五十歳丁度または四十歳台としてこそ、それを過ぎて五十四歳というのも素直に理解できよう。この重陽《ちょうよう》の宴も、今から七十歳まで二十回もないという計算も無理がない。

保胤は白楽天を「異代《いだい》の師《し》」と敬慕した（「池亭記」）。そのような想いはかれだけのこ

菅原文時の年齢表記

とではないにせよ、勧学会《かんがくえ》や「池亭記」や多くの詩作における白楽天の影響はやはり並々ならず、その入れ込みようは尋常一様ではない。だからその異代の師の年齢表記についても無頓着である筈《はず》はないが、早急な結論は禁物だ。もう少し続けたい。

保胤にはもう一人の師がいた。こちらは現実の師であり、大学入学以後師事することになる菅三品《かんさんぼん》、菅原文時《すがわらのふみとき》である（『続本朝往生伝《ぞくほんちょうおうじょうでん》』）。その文時に「老閑行《ろうかんこう》」なる作がある。文時は道真《みちざね》の孫であるにもかかわらず、否、それ故《ゆえ》にと言うべきか、貞元《じょうげん》二年（九七七）、八十歳にして位いまだ正四位下《しょうしいげ》、官は式部大輔《しきぶたいふ》にすぎず、その秋、老残《ろうざん》の身をかこつ哀歌一首を作っている。それが「老閑行」である。加字詩《かじし》あるいは宝塔詩《ほうとうし》と呼ばれる形式を範としたこの詩の、たぐい稀な文学的興趣や味わい方については専門家の適切な解説に譲り（後藤昭雄『本朝文粋抄』第八章「老閑行」）、ここでは行論にかかわる部分のみを抄出しておこう。

八旬は七十歳台

我聞く相如《しょうじょ》は文に贍《と》むも家はただ四壁の立つのみなりしと。又聞く孫弘《そんこう》は高第なりしも年は此《こ》れ八旬に行《なんなん》とすと。

相如は司馬相如《しばしょうじょ》、孫弘は公孫弘《こうそんこう》、いずれも漢代を代表する文人で、ともに文才にそぐわぬ不遇をかこった人物である。文時はこの異代の先人におのれを重ねているのであるが、ここで注目すべきはもちろん後半の「孫弘は高第なりしも（第一位の成績で及第したが）年は此れ八旬に行とす」の部分である。孫弘のことは『史記《しき》』十二（列伝五）「平津侯《へいしんこう》主父《しゅほ》列伝第五十二」に見え、失脚していた公孫弘が推挙され、天子の抜擢《ばってき》により博士を拝命したことを踏まえての一文である。それは元光《げんこう》五年（前一三〇）、孫弘七十歳のことであった。『史記』はこの少し前に、建元《けんげん》元年（前一四〇）に孫弘が六十歳であることを明記しているから、年齢の計算に矛盾はない。この「老閑行」の八旬について、手許の二、三の『本朝文粋』の解説は、実年齢は七十一歳あるいは七十歳過ぎと注記する。ただし八旬が七十歳台を意味するとは明言していない。

以上、文時を例として年齢表記の「原則」を確かめてみた。保胤が、異代の師と現実の師にあえて背いてまで原則を犯す理由は想定しがたいが、いかがであろうか。

七旬に関する事例

安和《あんな》二年（九六九）三月十三日、大納言《だいなごん》藤原在衡《ありひら》が東郊の粟田《あわた》山荘で主宰した尚歯会《しょうしかい》に陪席《ばいせき》した清原佐時《きよはらのすけとき》は、「唯《た》だ七賢《しちけん》の七旬を過ぎるを見る」と在衡以下菅原文時・橘好古《たちばなのよしふる》・菅原雅規《まさのり》・高階良臣《たかしなのよしおみ》・十市有象《とおちのありかた》・橘雅文《まさふみ》ら七人の高齢を寿《ことほ》いだ（「粟田左府尚歯会詩」）。尚歯とは長寿を祝い尊ぶことである。七人は一部年齢不詳の者もいるが、十市有象が六十八歳と推定されるから（後藤昭雄「安和二年粟田殿尚歯会詩」）、七旬が六十歳台との理解を前提としなければ、清原佐時の一句は成り立たない。なおこの尚歯会については後述する（第四の二）。

能因の場合

旬に関してではないが、白楽天の年齢を強く意識した人物として、能因《のういん》の例を紹介しておく。歌人能因は万寿《まんじゅ》元年（一〇二四）秋、児屋《こや》の池亭で五首の歌を詠んだ。児屋は反俗の歌人能因がこよなく愛した地である（目崎徳衛「能因の伝における二、三の問題」）。その序に、昔唐の元和《げんわ》二年（八〇七）秋、白楽天は曲江《きよくこう》の池亭にて「曲江、秋に感ず」の題で五言詩二首を作った、そのとき白楽天は三十七歳。一方、万寿元年の今、我らも同じ三十七歳、秋に感じて五遍の歌を作ったとある（『能因集』新日本古典文学大系、九二〜九六序）。かたや玄《げん》宗《そう》・楊貴妃《ようきひ》も遊んだという唐都長安《ちようあん》の東南隅にあった曲江、こなた摂津国《せつつのくに》の嶋上郡（現高槻市）とも武庫郡（現伊丹市）とも考証される一田舎の池亭。この程度の懸隔はものともしないのがわが国文人の心意気である。「嗟乎《ああ》、唐家と本朝と、其《そ》の俗異なるといえども、年歯《ねんし》将に秋に感ず、其の志相同じき者歟《か》」と詠じきっている。

能因は俗名 橘 永愷《たちばなのながやす》、永延二年（九八八）の生れで文章 生《もんじようしよう》として藤原長能《ながよし》に師事したが二十歳代半ば過ぎに出家した。その後ほぼ十年、「昔元和二年秋、楽天年三十七、……今万寿元年秋、我等年三十七」と詠んだのである。一介の釈氏《しやくし》に身を変えてもかくのごとし。ましてや現役バリバリの文人保胤が、異代の師の年齢表記の原則にあえて異を唱えるとは考えにくい。

五旬は五十歳か四十歳台か

以上、中国唐代では十年を一単位とする年齢表記（旬）において、当該数字より一を減じて幾十歳台かを示す方法があり、わが国の貴族社会においても、それが踏襲されていたことが理解されたかと思う。ただしそれでも「池亭記」の「五旬に垂《なんなん》として」の五旬が、五十歳丁度なのか四十歳台なのかは、依然、不明である。決定的な証拠がないままに結論を急ぐべきではないが、私は以下の理由により四十歳台を選びたい。

四十歳、念仏の激化

保胤は自分の年齢にかかわる事実をあと二つ書き残している。その一つは『日本往生極楽記』序で、よく知られた「予《われ》、少《わか》き日より弥陀仏《みだぶつ》を念じ、行年《こうねん》四十より以降、その志いよいよ劇《はげ》し。口に名号《みょうごう》を唱え、心に相好《そうごう》を観《かん》ぜり」とある部分である。「池亭記」の五旬を四十歳台とすれば、四十歳台になんなんとするとは四十一歳直前の年齢とすることができる。つまり保胤の弥陀念仏にいっそうの拍車がかかった「行年四十」は、池亭入手と「池亭記」執筆に至近の年時であったことになる。そこで問題になるのは、池亭と念仏激化の関係であろう。

池亭の阿弥陀堂

池亭には池の西に小堂があった。阿弥陀像が安置されていて、保胤は毎朝手を洗い口をすすぎ、その後この西堂に参り、弥陀を念じ、『法華経』を読んだという。かれは若いころから浄土信仰に強く惹かれていたが、この小堂（阿弥陀堂）こそ信仰を深化させ醸《じょう》成《せい》させる重要な場所であり、それはかれ自身の信仰史において特筆すべき意味を有していたと思われる。往生者の収集と『日本往生極楽記』の撰述、『観無量寿経《かんむりょうじゅきょう》』に説かれる浄土のさまを讃嘆《さんたん》した「十六相讃《じゅうろくそうさん》」の執筆（第五の三参照）、そして『日本往生極楽記』が源信『往生要集《おうじょうようしゅう》』に引用され、数年後、「十六相讃」ともども遣宋《けんそう》された事実から推察される源信との深い交遊、これらを生み出し、保胤のその後の人生に方向性を与えた揺籃《ようらん》こそが池亭であったとすべきである。官人としての充実した生活と信仰の場の確保は池亭の入手により果たされた。その時が記念すべき「五旬に垂として」であり、「行年四十」なのである。やはり五旬は四十歳台とすべきである。

二十余年以来、東西二京を歴見

残る一つは「池亭記」の冒頭、「予二十余年以来、東西二京を歴見するに、西京は人家漸《ようや》く稀《ま》れにして、殆《ほとん》ど幽墟《ゆうきょ》に幾《ちか》し」である。以下、冷静な筆致で十世紀の都市平安京の実態を描き出す。「池亭記」執筆が四十歳ころとすれば、その二十余年前は十代後半にあたる。後述するように、保胤は学に志すべき十有五《じゅうゆうご》よりは少し若いが、十三歳の天暦《てんりゃく》九年（九五五）に大学寮《だいがくりょう》に入学し、同十一（天徳元）年十五歳で内御書所《うちのごしょどころ》に出仕した。

内御書所は延喜のはじめに醍醐天皇の命により創設され、内裏承香殿《しょうきょうでん》東《ひがしの》片庇《かたひさし》にあったとされる。その職掌は禁中の書物をつかさどることであった。間もなく世の中を自覚的に認識し始める年齢と想定して無理はなかろう。それまでの生活とは大きく変わり、自身の一生を規制していく紀伝道《きでんどう》（大学寮の四道の一。中国の歴史や文学を専攻）の世界に足を一歩踏み入れたわけであるから、かれの人生においてもまさに画期的な時期にあたる。その道の人になる出発点に立った保胤の視界に、幼児期からの生活空間のたんなる拡大というばかりでなく、政治や社会や歴史と結びつけて解釈された東西二京が鮮やかな像を結び始めた、といってよい。

ものの心を知り、分別する年齢

「池亭記」冒頭のこの部分を読んで、鴨長明《かものちょうめい》『方丈記《ほうじょうき》』のいわゆる五大災厄《さいやく》（安元《あんげん》の大火、治承《ちしょう》の辻風《つじかぜ》、福原《ふくはら》遷都、養和《ようわ》の飢饉、元暦《げんりゃく》の大地震）直前の一節を想起する人は少なくない。曰く、「予、ものの心を知れりしより、四十《よそぢ》あまりの春秋をおくれるあひだに、世の不思議を見る事、やゝたびたびになりぬ」。「ものの心を知れりしより」とは、執筆時の年齢から逆算して長明十代後半に相当するという。たんなる自然災害としてではなく、その背後に「世の不思議を見る」ことが「ものの心を知」ることなのだ。これが十代後半にはじめて身につくもっともふさわしい特徴であることは、かの慈円《じえん》も『愚管抄《ぐかんしょう》』（巻七）に、「人ハ十三四マデハサスガニヲサナキホド也。十五六バカリハ心アル人ハ皆ナニゴトモワキマヘシラル、コト也」、と明記している通りである。

古代や中世においては、十五、六歳で大人になるというのは一般的な常識だったという（大隅和雄『方丈記に人と栖の無常を読む』）。これを通説にしたがって保胤二十代後半のこととしても、とくに説得力ある意味を見出しがたいのではなかろうか。

以上、「五旬に垂として」は四十歳台（四十一歳〜五十歳）直前の年齢とすべきことが了解されたであろうが、この項の終りに、藤原有国《ありくに》・藤原惟成《これしげ》・源為憲《みなもとのためのり》など保胤周辺の二、三の人物との年齢関係について確認しておきたい。

保胤と有国の年齢差

保胤と有国はともに紀伝道《きでんどう》に学び、同門同学の士であった。有国の没年月日は寛弘《かんこう》八年（一〇一一）七月十一日、六十九歳であったというから（『公卿補任《くぎょうぶにん》』）、逆算すれば生年は天《てん》慶《ぎょう》六年（九四三）となり、奇《く》しくも保胤と同年となる。少なくとも保胤が十歳も年長とはならないだろうことを、次に見ておきたい。

学生は長幼をもって序とす

前掲の大納言藤原在衡の尚歯会に招かれたのは、菅原文時以下六名の耆老《きろう》と十七名の垣下《えんが》の文人たちであった。その十七名の中に安芸権守《あきのごんのかみ》三善道統《みよしのみちむね》、前文章得業生《さきのもんじょうとくごうしょう》菅原資忠《すけただ》、学生《がくしょう》高丘相如《たかおかのすけゆき》、学生藤原在国（長徳二年〈九九六〉改名有国、以下有国と表記）らに並んで保胤もいた。時代はやや遡るが「学令《がくりょう》」の規定には「凡《およ》そ学生学に在《あ》らば、各《おのおの》長幼を以て序と為《せ》よ」とある。つまり年齢により序列をつけるということであるが、身分を学生とされた五名は、高丘相如・藤原有国・賀茂保胤・三善輔忠《すけただ》・林相門《はやしのすけかど》がこの順に記されている。このうち相如と輔忠は年齢不明、有国は天慶六年（九四三）誕生だからこの時二十七歳、相門はその詩の自注に三十余歳とするが、入学時は紀伝道を学んだがその後明経道《みょうぎょうどう》（大学寮の四道の一。儒教の経書《けいしょ》を専攻）に移ったとあるから、年長ではあるが末尾に記されたのであろう。

通説の生年を用いれば、保胤と有国の順序は逆転するから「学令」の規定は順守されていないことになる。しかし私説にしたがえば、同年か翌年後の誕生としてまったく問題ない。七老も年齢順に並べられているであろうとされているから（後藤昭雄「安和二年粟田殿尚歯会詩」）、この点でも天慶六年誕生説は妥当と思われる。

康保の文友

それかあらぬか二人の関係はきわめて密である。たとえば、康保《こうほう》年中（九六四〜九六八）といえば二人とも二十二歳〜二十六歳ほどであろうが、有国はこのころの文友二十余人の一人に保胤をあげている（『本朝麗藻《ほんちょうれいそう》』下懐旧部）。しかも保胤は有国の文友のたんなる二十余分の一ではなかったようだ。ある秋の日、宣風坊亭《せんぷうぼうてい》で旧友と会した有国は、「藤尚書《とうしょうしょ》、慶内史《けいないし》は、共に是《こ》れ旧日の詩友なり。落飾《らくしょく》入道し、両《ふた》りながら詩酒に別る。余《わ》れ以て恨《うら》み有り」とも詠じている（『本朝麗藻』下懐旧部）。藤尚書は権《ごんの》左《さ》中弁《ちゅうべん》藤原惟成、慶内史は大内記《だいないき》慶滋保胤。惟成は寛和《かんな》二年（九八六）六月、保胤は同年四月に出家した。ほぼ同時期に詩酒の友二人を失うことになった有国は、「余れ以て恨み有り」と懐旧の念に堪えかねているのである。

保胤と惟成・為憲の年齢差

保胤と並んでその出家を惜しまれた惟成は、藤原義懐《よしちか》とともに花山《かざん》朝政の中枢を担った一人として知られているが、その生年は天慶六年（九四三）と推定されている（笹川博司「藤原惟成生没年攷―付・年譜」）。これまた保胤・有国と同年である。儒官としてたどった道はそれぞれでも、同年齢の好《よしみ》はまた格別の趣を醸成するものなのであろう。「旧日の詩友」と懐かしむ由縁である。ここから有国が保胤らに懐いていた親近感や青春時代の苦楽を共にした仲間意識のようなものを読み取ることもできようか（佐藤道生「慶滋保胤伝の再検討」）。

年齢関係に無理がないといえば、『三宝絵《さんぼうえ》』や『口遊《くちずさみ》』の著者として名高く、勧学会で行動を共にした源為憲の場合もそうだ。この二人の緊密な関係は特別で、それは本書の随所に示すはずだから、ここでは言及しない。為憲が、出家した惟成を偲んで作った懐旧の詩によれば、為憲は惟成より二歳年長であったというから、生年は天慶四年（九四二）となる（『本朝麗藻』下）。保胤誕生の二年前である。

保胤の生年

生年を特定する決定的な根拠がないのは事実だが、これまでの考証に基づき、本書においては天慶六年を保胤の生年として叙述を進めていく。要するに生年を通説より十年遅くするということである。なお、池亭入手の年と「池亭記」著述の時期に一、二年の時差を想定し、それを生年に反映させる計算はしない。無理な想定ではないが、時差を何年にしようともそれに確実な根拠があるわけではないし、推測に推測を重ねるのは必ずしも厳密化の手法とはいえまい。

二　保胤の家族

保胤の出自

保胤の本姓は賀茂氏である。その先は賀茂朝臣《かものあそん》姓を名乗り大和鴨君《かものきみ》の後裔という。父は賀茂忠行《ただゆき》。兄は保憲《やすのり》、弟には保章《やすあき》・保遠《やすとお》らがあった。忠行・保憲父子は著名な陰陽《おんよう》師《じ》で、保憲とその子光栄《みつよし》もよくそれを継承し陰陽道《おんようどう》賀茂氏の基礎を築いた。末弟の保遠もまたその道を継いだようだが、賀茂氏諸系図にその後継者を見ることはできない。これに対して、保胤と保章は紀伝道に進み官も内記や文章博士《もんじょうはかせ》に任じ、やがて姓も慶滋と改めた。

よく言われることだが、保胤が代々の陰陽の家に生れたという大江匡房《おおえのまさふさ》の言は、誤解を招きがちだ。まとまった保胤伝としてはもっとも古い匡房の『続本朝往生伝』は、保胤没後ほぼ百年の康和《こうわ》年間（一〇九九～一一〇四）に著されたもので、そのころの賀茂氏は形勢おおいに振い累代の陰陽家というにふさわしい実態を有していたが、それは忠行に始まるとすべきで、保胤はいわば新興の陰陽師を父とし、その次男として生れた、というのが本当のところである。

陰陽師賀茂氏の成立に関し、忠行より四代前の小黒麻呂《おぐろまろ》（虫麻呂）から諸雄《もろお》へと続く高《たか》賀茂《かも》朝臣姓の家系に、陰陽道に通じるある種の資質を想定する試みがある。興味深いが、陰陽師としての具体的な証拠を系譜上にたどることは困難である（新川登亀男「奈良時代のカモ朝臣」）。また平安朝における賀茂家の出自は葛城《かつらぎ》山で修行した役行者《えんのぎょうじゃ》の氏族からであり、役行者は修験道《しゅげんどう》の祖というより陰陽道の祖というべきであるという主張もあるが（竹内理三「上代初期における道術について―陰陽道賀茂の源流に関する一考察―」）、もう少し説明が必要であろう。やはり代々の陰陽の家とはいっても、忠行からというのが穏当なところである。

誕生時の保胤の立場

陰陽師の家の次男とはいっても、延喜《えんぎ》十七年（九一七）生れの兄保憲との年齢差は二十六歳もあり、おそらく異母兄弟であろう。そうであれば保胤の人生の選択に及ぼす母方の家系の影響というものを看過してはなるまい。さらに保憲子の光栄は保胤より四年も前に生れているから、保胤誕生時にはすでに五歳の甥光栄があり、忠行―保憲―光栄という三代の陰陽師の家系が形成されつつあった。だから次男とはいっても最初から陰陽師の家系の埒外《らちがい》に想定されていた可能性もある。保胤の官歴を念頭に先祖を考えるなら、むしろ大内記や大外記《だいげき》に任じた祖父の従五位下賀茂峯雄《みねお》や、同じく内記や外記に任じたその兄弟峯《おとみね》が気になるが、これ以上の詮索は困難である。

父忠行の系譜

賀茂氏諸系図の多くは忠行を峯雄の子、忠峯《ただみね》の孫、諸雄の曾孫《ひまご》とするが、『医陰系図《いいんけいず》』所収のそれは忠行を江人《えびと》の子、人麻呂の孫、諸雄の曾孫とする（詫間直樹・高田義人「壬生本『医陰系図』所収「賀茂氏系図」「安倍氏系図」翻刻」）。ただし忠行に「峯雄の子と為して相続す」との傍注が施されている。これを信頼すれば、諸雄―忠峯―峯雄―忠行（実父は諸雄の孫、人麻呂の子の江人）という系譜になる。

忠行は従五位上《じゅごいじょう》・陰陽博士《おんようはかせ》・丹波権介《たんばのごんのすけ》ともされるが（『医陰系図』）、それらはその生没年とともに詳らかでない。ただ、かりに保憲生年の延喜十七年（九一七）に忠行二十歳〜二十五歳としてその生年は寛平《かんぴょう》五年（八九三）〜昌泰《しょうたい》元年（八九八）、保胤が生れた天慶六年（九四三）は四十六歳〜五十一歳となる。さらに三男保章や末子保遠のことも勘案すれば、忠行の生年はおおよそこの辺りに落ち着こうか。

忠行の官位

著名な陰陽師であるにもかかわらず、彼が陰陽博士であったことを証するたしかな史料は認められない。また従五位上・丹波権介というのも同様である。確認できる官職と位階は、天暦《てんりゃく》三年（九四九）正月二十一日付「近江国司解《おうみのこくしげ》」に「正六位上行権少掾《こうごんのしょうじょう》賀茂朝臣忠行」（『類聚符宣抄《るいじゅうふせんしょう》』）とあることくらいである。これに対して息子保憲の活躍は目覚ましい。位階も父子逆転し、天暦六年（九五二）には従五位下暦博士《れきはかせ》の保憲が、昇進の遅い父のために栄爵《えいしゃく》を譲らんことを申請している（『本朝文粋《ほんちょうもんずい》』巻六）。しかしその結果忠行が従五位下に叙されたかどうかは不明で、ついに陰陽寮官人としてはさしたる官に任ずることもなく終わったかと推測される。

陰陽師忠行

このように官位についてはあまりぱっとしない忠行ではあったが、陰陽師としての活躍は二、三伝えられている。天慶三年（九四〇）、平将門《たいらのまさかど》・藤原純友《すみとも》の乱に際して権中納言藤原師輔《もろすけ》に白衣法《びゃくえほう》なる密教修法を修すべく進言し、それにより寛静《かんせい》僧正による白衣観音法が修されたという（『阿娑縛抄《あさばしょう》』五十之二、大白衣　一先蹤）。また天徳《てんとく》三年（九五九）二月七日付の勅命を奉じての「占文」も残っている（『朝野群載《ちょうやぐんさい》』十五、六壬占）。しかしかれがすぐれた後継者に恵まれたことこそ、往古に恥じない陰陽師とされた要因かもしれない。息子保憲とそれ以上に知名度の高い安倍晴明《あべのせいめい》の二人が非凡な才能に恵まれていると知った忠行は、自分の知識と技術を余すところなく教え込む。そのきっかけとなったエピソードはいずれも『今昔物語集』（巻二十四）に収められている。

息子保憲の才能

十歳ばかりだった保憲は父忠行に連れられて行った祓所《はらえところ》での祓の最中に、気色《けしき》怖ろしげな体の者ども二三十人許《ばかり》が現われて、据えおいた物を取食って、造りおいた船・車・馬などに乗って散々にひっくり返してしまったのを見て、それが何かを父に訊ねる。しかし保憲の目には見えた異様な光景も忠行には見えなかった。鬼神を見ることができるわが子の並々ならぬ才能に気づいた忠行は、知る限りの秘術を伝授した。やがて保憲はその道に並ぶ者のない大陰陽師となり暦道の祖となった（「賀茂忠行、道を子保憲に伝ふる語第十五」）。

安倍晴明の才能

安倍晴明が若いころ師忠行の夜行に同行したことがあった。忠行は車中眠りこむ。そのとき晴明は恐ろしい鬼共が車の前に向かって来るのに気づき、急ぎこれを忠行に知らせる。驚き目覚めた忠行は、術法をもってたちまちにわが身と従者を隠し、事なきを得た。その後忠行は晴明の才に感じ知術のすべてを教え、晴明もこの道の大家になった（「安倍晴明、忠行に随ひて道を習ふ語第十六」）。

事の実否もさることながら、弟子の天賦の才を思わせる言動に比較すれば、忠行の師匠ぶりはやや呆《ほう》け気味な印象を拭いきれないが、指導者としてはすぐれた一面を有していたということになろうか。

兄保憲

保憲は延喜十七年（九一七）に誕生した。幼少より早熟の才能を示したようだが、早くも天慶四年（九四一）には暦生にして暦博士大春日弘範《おおかすがのひろのり》とともに造暦宣旨《ぞうれきせんじ》を蒙り、以後順調にこの道の階梯《かいてい》を登りつめていく。天暦四年（九五〇）に暦博士、天徳元年（九五七）に陰陽頭《おんようのかみ》、同四年（九六〇）には天文博士兼主計権助《かずえのごんのすけ》に任じられている。貞元《じょうげん》二年（九七七）に六十一歳で没した後も陰陽道の規模と称讃され、その著『暦林《れきりん》』は、今は失われたが、諸禁忌の解説書として長く貴族の間で用いられた。

暦道の権威

とくに暦道の権威であったことは、天暦七年（九五三）、延暦寺僧日延《にちえん》が呉越国《ごえつこく》王銭弘俶《せんこうしゅく》の求めに応じて天台大師智顗《ちぎ》関係経籍を届けるため派遣されるに際し、かれに命じて新修の暦経を将来させるよう奏聞したことにもうかがわれる。貞観《じょうがん》元年（八五九）に宣明暦《せんみょうれき》がもたらされて以来、ほぼ百年も新暦の伝来がなかったのである。日延は天徳元年（九五七）帰朝し、内外の書千余巻とともに『符天暦《ふてんれき》』と立成（表）の暦書も持ち帰った。これらは天皇御覧の後、暦経は保憲に、仏書は延暦寺に、儒書は大江家に預け置かれ、中国滞在中の日記は式部大輔橘直幹《たちばなのなおもと》と文章得業生藤原雅材《まさき》らに真偽を試問させたうえで記録させた。

日延『瑞応伝』を将来

なお延暦寺に収められた仏書の中には、後年、保胤が『日本往生極楽記』を撰述するに際して、唐の迦才《かさい》『浄土論』とともに参照した文諗《ぶんしん》・少康《しょうこう》共編『瑞応伝《ずいおうでん》』もあったと推測される。同書の巻末識語に、「天徳二年歳次戊午四月廿九日（略）、延暦寺渡海沙門日延」と記されているからである（竹内理三「「入呉越僧日延傳」釋」）。こうしてみると保憲と保胤の兄弟は、別々の道を歩みながらも、日延を介して外来の新知識で繋がっていたといえる。

甥光栄の風体

保憲の子光栄も親に劣らぬこの道の達人であった。蔵人所《くろうどどころ》に候する陰陽師として陰陽頭よりも位階上位の陰陽師となり、「光栄の占いは掌を指すがごとし、神と謂うべし」とか「一道の長」と称され、大江匡房は一条朝における「天下の一物」の一人に挙げている（『続本朝往生伝』）。その風体《ふうてい》がまた一風変わっていたらしいことは、後代までの語り草となっていたようで、関白藤原忠実《ただざね》は曾祖父頼通《よりみち》十七歳の時の見聞として耳にした話を、大外記中原師元《もろもと》に語っている。それは寛弘《かんこう》五年（一〇〇八）、光栄が一条天皇中宮彰子の敦成《あつひら》親王（後一条天皇）御産の日に哺乳《ほにゅう》（乳を飲ますこと）および雑事の日時を占うため召された際、当時七十歳の老齢だったかれは、髯《ひげ》ぼうぼう、くたびれきった服装、つま先の袋がごく狭い簡略な浅沓《あさくつ》のいでたちで御縁に伺候していたが、その間、粗末な布の袷《あわせ》の懐より虱《しらみ》を取り出し、高欄《こうらん》の中ほどの横板に親指で潰《つぶ》していたという。若い頼通にとってよほど印象的な光景だったのだろう。これが、上古の人はおのれの才芸を第一とし、服装などには頓着しなかったものだ、と語り伝えられた（『中外抄《ちゅうがいしょう》』）。

これは老齢期のもので、そのまま若いころまで遡らせることはできないが、あるいは専門家としての一風変わった片鱗は若年のころから醸し出されていたかもしれない。それが忠行―保憲―光栄三代の陰陽師の濃縮された血の為《な》せるわざだとすれば、他者の入り込む余地はなかなか見出しがたく、甥よりも遅く生まれた保胤や保章らの叔父たちが、やがては賀茂姓を捨てざるをえなくなった遠因の一つは、こういうところにあったのかもしれない。

陰陽家賀茂氏の血

さて、保憲には歌集『賀茂保憲女集』で知られる娘がいたが、保胤とは直接の接点がないので触れない。ただその娘（保憲孫）の縁妙《えんみょう》が極楽往生を遂げた者として『続本朝往生伝』に収められていることのみ付言しておく。

弟保章

兄弟のうち保胤ともっとも密接な関係にあったのが保章である。保章は保胤と同様紀伝道に進み、応和《おうわ》三年（九六三）三月に三善道統が主宰した詩合（「善秀才宅詩合《ぜんしゅうさいたくしあわせ》」）、その翌年に創始される勧学会《かんがくえ》にともに参加している。天禄《てんろく》三年（九七二）より天延三年（九七五）にかけて外記に任じ、天延三年、従五位下に叙されるが、これは保胤より七、八年も早い叙位である。保胤は「池亭記」を著した天元五年（九八二）はまだ六位内記にすぎないから、やや大きな開きといえるだろう。

保章について、なんといっても注目されるのは、保胤と同じく姓を慶滋に改めたことである。『外記補任』の他に参照すべき史料がないので断言できないが、それはおそらく円融《えんゆう》天皇の天延二・三年の交であったと考えられている（杉崎重遠「善滋為政朝臣」）。その後は能登守《のとのかみ》、文章博士などを歴任して従四位上まで昇った。

保章の子為政

なお保章の息子に為政があり、かれもまた慶滋を名乗っている。位階は従四位上を極《ごく》位《い》とし、式部少輔《しきぶのしょう》、文章博士、内蔵権頭《くらのごんのかみ》、外記などの官を歴任している。親や伯父と同様の道を歩んだ人といえる。その詩文は『本朝続文粋』『本朝麗藻』『新撰朗詠集《しんせんろうえいしゅう》』

などに見られる。歌人としてもすぐれ、『拾遺和歌集《しゅういわかしゅう》』『後拾遺和歌集《ごしゅういわかしゅう》』『千載和歌集《せんざいわかしゅう》』『新古今和歌集』などの勅撰和歌集に各一首採られている。

小野氏に改姓申請

ところが寛弘元年（一〇〇四）九月二十五日、為政はなぜか慶滋姓を小野姓に改めようと申請し、結局、書類不備で却下されている（杉崎重遠同上）。改姓の手続きとして、①本族（賀茂氏）を経て申請すること、②賀茂を慶滋に改めた際の官符《かんぷ》の添付が必要だったようだが（『権記《ごんき》』寛弘元年九月二十五日条）、経歴に似合わぬ不手際である。

小野氏に改姓したい理由が何かも気になる。父母いずれかが小野氏の系譜に繋がりでもするのか。たしかに『小野系図』（『続群書類従』）には、篁《たかむら》・好古《よしふる》・道風《みちかぜ》らの著名人があり、その子や孫の世代にも四位、五位で内記に任じた人物が少なからずいる。小野氏に新興起家の慶滋にはない魅力を感じたとしても無理はない。しかしそれを証する根拠は見当たらない。しばらく事情不詳とせざるをえない。

保胤の妻子

保胤の妻や子についての具体的な事実はわからない。「池亭記」に「池の北に低屋を起《た》てて妻子を着け……」とあり、『続本朝往生伝』保胤伝に「子息の冠笄纔《かんけいわずか》に畢《おわ》るに及びて（子息が成人するのをまって）、寛和二年、遂に以て道に入れり」とあるから妻子がいたのは確かなようだ。また壬生本《みぶほん》『医陰系図』所収「賀茂氏系図」に子として忠順《ただより》の名が見え「従四位上、民部大輔、方略」とあるが、ともに他に所見はなく存否の確認はできない。

第二　学生保胤

一　大学入学

大学に入学

保胤は大学寮に入学して学生《がくしょう》となり、紀伝道《きでんどう》の従五位下右少弁菅原文時《うしょうべんすがわらのふみとき》を師とした。年齢は十三歳、天暦《てんりゃく》九年（九五五）のことと推察される。やがて大学寮が行う試験（寮試《りょうし》）を受けて擬文章生《ぎもんじょうしょう》となり、ついで式部省が行う省試《しょうし》を受験して文章生《もんじょうしょう》への道を歩むことになる。

大学の学科

この時代の大学は四つの専門学科から成っていた。儒学を学ぶ明経道《みょうぎょう》、中国の歴史や文学を学ぶ紀伝道《きでん》、律令の解釈を学習する明法道《みょうぼう》、数学を専攻する算道《さん》の四道で、保胤は紀伝道に進んだ。文章博士《もんじょうはかせ》を教官とし定員各二十名の擬文章生と文章生、定員二名の文章得業生《もんじょうとくごうしょう》から構成されていた。この時代もっとも人気の高かった学科である。文章得業生は儒者の専門家になるコースで方略試《ほうりやくし》（対策）を受け、及第すれば秀才と呼ばれ弁官や内記、大学頭《だいがくのかみ》といった専門職に任官することになる。多くは文章生どまりであったが、保胤は文章生としての功労により地方官に任じ（文章生《もんじょうしょう》外国《げこく》）、さらに方略宣旨を賜わり対策出身する道を選んだ。なおこの件については後で触れる。

入学の適齢

入学年齢は「学令」に十三歳から十六歳の間と決められていた。大同《だいどう》元年（八〇六）に諸王及び五位以上の子孫は十歳以上に引き下げられたが、保胤がその適用を受けたかどうかは不明である。天暦六年（九五二）、兄保憲が栄爵を正六位上の老父忠行に譲ることを申請しているが（『本朝文粋』巻六）、忠行が従五位下に叙されたかどうかは確認できないので、とりあえず保胤の入学適齢を十三歳〜十六歳とすれば、それは天暦九年（九五五）〜天徳二年（九五八）の間のこととなる。

師匠の条件、文章博士

一方、師の条件としては大学寮教官である文章博士が望ましいが、菅原文時が文章博士になったのは天暦十一年六月である。天暦十一年は保胤十五歳であり、翌年でも入学年齢に叶う。ところが大江匡房《おおえのまさふさ》『続本朝往生伝』所載の保胤伝には天暦の末に内御書《うちのごしょ》所《どころ》に仕候したとある。天暦の末年は十一年で、十月二十七日に天徳《てんとく》と改元される。内御書所に勤務するためには学生や文章生以上でなければならないから、文時の文章博士就任の後、保胤の入門と内御書所仕候の一連の人事が、年内の短期間に進行したことになる。不可能ではないが少々窮屈だ。

師匠の条件、相応の儒者

ただしもう一つの可能性もある。適当な文章博士がいない場合は相応の儒者を師とすることができるのである。文時は文章博士になる三年前、天暦八年（九五四）十月に十二年間の内記を経て右少弁に任じている。以後九年、応和《おうわ》二年（九六二）ころまで弁官を本官とし、この間文章博士を兼任しつつさらに左少弁から右中弁に昇任している。右少弁になって文時の儒者としての地位は固まり、師としての資格が備わったとして差支えなかろう。かくて天暦九〜十年、保胤十三〜十四歳のときの入学とすることが可能になるが、ここでは天暦九年入学、従五位下右少弁菅原文時を師とし、二年後の天暦十一年に内御書所に出仕することになったとして論を進めたい（佐藤道生「慶滋保胤伝の再検討」）。

内御書所出仕は天暦末年

ところで先学の中には天暦は天徳の誤りとする説もある。理由は、天暦末年では保胤がまだ文章生にもなっていなかったからだという（増田繁夫「慶滋保胤伝攷」。大曾根章介「康保の青春群像」）。天徳末年（五年）の保胤の年齢は、通説の生年によれば二十九歳であり（私見では十九歳）、これくらいの年齢であれば文章生になっていたはずとの了解を前提としているのであろう。しかし文章生かそれ以前の学生かを内御書所勤務の基準とするのは正しくない。後述するように内御書所衆には文章生以前の学生の身分で採用されるのが一般的になっていたからである。だから結論はともかく、理由は肯定できない。たしかに内御書所出仕を天徳末年とすれば、文時が文章博士になった天暦十一年六月以降に十五～十六歳で入門とすることが可能となり、天徳末年に十九歳で学生の身分のまま内御書所に出仕、と流れに問題はない。しかしそれでは匡房が記述ミスを犯したことになる。匡房は『続本朝往生伝』保胤伝でその没年を長徳《ちょうとく》三年（九九七）としたが、これが長保《ちょうほう》四年（一〇〇二）の誤りであろうことは大方の認めるところであるから、あるいは天暦も、と疑いたくなる。しかしそれを証する明白な事実は今のところ見当たらない。しばらくは匡房の記述に従うよりほかはあるまい。

師菅原文時

文時は道真《みちざね》の孫で昌泰《しょうたい》元年（八九八）父高視《たかみ》と母菅原宗岳《むねおか》の娘との間に次男として誕生した。『公卿補任』天元《てんげん》四年条に記された昌泰二年よりは一年早いようである。四歳となった延喜《えんぎ》元年（九〇一）、祖父道真が大宰府（福岡県太宰府市）に左遷され、父高視も土佐国（高知県）に流された。高視は延喜六年に帰京を許され本官に復したが、同十三年、文時十六歳の時三十八歳で没している。名門の家に生まれながら、幼くして歴史に残る大事件の渦に巻き込まれ、ようやく父子ともに再出発しようとしていた矢先の不幸であった。諸家の系図を載せる『尊卑分脈《そんぴぶんみゃく》』によれば、高視は左少弁・大学頭・山城守・右大弁・

従四位上などの官位に叙されている。文時にとっては有力な後ろ盾を失ったことになる。こうした不運が重なったためであろうか、対策及第してやっと官途につくのが四十五歳、保胤入門時は位官わずかに従五位下の右少弁で五十八歳、すでに老年の域に達していた。ただし文時は八十四歳の長寿を保ったから、所帯の弁官は応和二年（九六二）ころまで勤め、天暦十一年（九五七）六月に任じられた文章博士はその後二十年以上も勤続し、斯道《しどう》の重鎮として重きを成した（真壁俊信「菅原文時伝」）。

入学と字をつける作法

さて入門すると学生としての字《あざな》が決められる。学生の字といえば、『源氏物語』（少女《おとめ》）の光源氏の子夕霧の字をつける儀式のさまが想起される。二条院東の対には上達部《かんだちめ》や殿《てん》上人《じょうびと》らが集い、博士たちも思わず気おくれしてしまうほどに華やかで高貴な雰囲気であった。

これは物語だが、実例としてはやや時代が下るが平信範《のぶのり》の子信義《のぶよし》の事例がある。父信範の日記『兵範記《ひょうはんき》』によると、仁平《にんぴょう》四年（一一五四）三月二十七日、まず紀伝道の教場である北堂（文章院）に入学名簿が提出され、それが翌日には「平幸《へいこう》」の字が記されて戻された。文書の往復のみで事が済んでいる点が夕霧との違いである。またその前日に、「吉日」なので文章博士亭に行き擬文章生になるための寮試を受けてはいるが、それは『史記』高祖本紀《ほんぎ》等三巻の書を各十行ほど読んだのみで、形式化と簡略化だけが際立つ実態を見てとれる。ちなみに入学名簿には、信義の実年齢十三歳が十九歳と記された。誤記ではない。先例と称して、十歳以上二十歳以下の者を入学させるとした古い法令を盾にとり、入学前に多年学問したと偽装したわけである。

字は茂能

保胤の字は「茂能《ものう》」と付けられた。保胤と同じころ紀伝道に進んだと思われる弟の保《やす》章《あき》は茂興《もこう》である。通字の茂は賀茂の一字をとったものであろう。ちなみに先に触れた保胤と年齢の近い文友のうち藤原有国《ありくに》は藤賢《とうけん》、高丘相如《たかおかのすけゆき》は高俊《こうしゅん》、源為憲《ためのり》は源澄《げんちょう》である。これらも姓の一字をとって下に別字をつけたものである。しかし字の作り方はかならずしも氏名の一字をとるだけとは限らなかったようで、藤原惟成《これしげ》は式太《しきたい》である（後藤昭雄「学生の字について」）。

字をつけるための作法あるいは次第は、保胤の場合どうだったのか。身分が違いすぎる夕霧は参考にならないとして、平信義よりは真面目だったと願いたいが、それを証する史料は残されていない。かと言って、夕霧と信義を足して二で割るわけにもいくまいから、今しばらくの課題としておくよりほかはない。

内御書所に出仕

入学の翌々天暦十一年（九五七）、学生の身分で内御書所に出仕することになった。通例、文章生以前でもそれは可能であった。たとえば源経頼《つねより》の『左経記《さけいき》』長和五年（一〇一六）四月五日条には、内御書所衆等として覆勘《ふくかん》・開闔《かいこう》のほか文章生二人、学生八人、総数十二人とあり、藤原実資《さねすけ》の『小右記《しょうゆうき》』永観《えいかん》二年（九八四）十二月八日条にも、この日定められた内御書所衆として文章得業生・文章生・学生が挙げられている。なお『小右記』の記事には覆勘として大内記保胤の名も見える。保胤四十二歳で、内記が本務、内御書所覆勘は兼務である。内御書所へは学生時代からの勤続かどうかは不明だが、断続的だったとしても、おそらくは内御書所衆の要員としてかかわり続けたのであろう。

内御書所は蔵人所《くろうどどころ》の所管で人事は蔵人頭《くろうどのとう》が管掌した。別当は二人でうち一人は蔵人が担当する。このほかに覆勘一人、開闔一人、衆十人前後（文章得業章・文章生・学生等）により構成される。覆勘は衆等が行う御書の書写・校訂・編集等の作業を内容的に監修する役と推察され、開闔は字義が開閉である点より御書の出納、筆硯料紙等の受け渡しなどの所の管理の責任者であろうと考えられる（工藤重矩「内御書所の文人」）。

弓場殿試

内御書所の衆に任じられるためには推薦か、希望者多数の場合には弓場殿試《ゆばでんし》と呼ばれる選抜試験に合格しなければならなかった。後者の場合、それは作詩をもってしたから、おのずとその道に堪能の者が集うことになる。『江家次第《ごうしだい》』（巻十九）に「弓場殿試の事」

の一条があり、「披裘当炉（裘《かわごろも》を披《き》て炉に当たる）」の詩題に桜井清光《さくらいのきよみつ》・藤原忠重《ただしげ》・橘淑《よし》信《のぶ》・藤原為信《ためのぶ》・賀茂保胤の五人が応じたと記されている。弓場殿試は必ずしも内御書所衆の選抜のみを対象とする試ではなく、学生の学問料《がくもんりょう》試なども含み、総じて通常は推挙をもって事足りるもので希望者が多い場合の選抜のための試であった（桃裕行『上代学制の研究』）。保胤の文章生試の時の詩題は「秋風生桂枝（秋風桂《しゅうふうかつら》の枝《えだ》に生《しょう》ず）」（『続本朝往生伝』）でこれとは違い、あるいは「披裘当炉」の詩題は内御書所衆選抜の試だったかとも推察される。

内御書所衆は天皇や貴顕主催の作文会《さくもんえ》に文人《もんにん》として出席することが少なくなかった。またしばしば内御書所で作文《さくもん》が行われた。そのため内御書所には詩文の才に恵まれた者が多く集まり、保胤もその一人であった。

二　才子保胤

保胤の詩文

保胤の詩文の才が抜群であったことは、大江匡房が「才に富み文に工《たくみ》にして、当時の倫《ともがら》に絶《すぐ》れたり」とたたえるところであり（『続本朝往生伝』）、その一端は『本朝文粋』に採択された二十余篇の作品に証されている。『本朝文粋』は藤原明衡《あきひら》（?～一〇六六）の撰で全十四巻、嵯峨天皇（在位八〇九～八二三）より後一条天皇（在位一〇一六～一〇三六）に至る詩文四百三十余篇を、文体により類聚《るいじゆう》編纂したものである。

保胤の作品は詔《みことのり》（二）、勅《ちよく》（一）、詩序《しじよ》（一〇）、記《き》（一）、牒《ちよう》（一）、知識文《ちしきぶん》（一）、廻文《かいぶん》（一）、願文《がんもん》（五）などに収録されている（括弧内は作品数）。出家後のものもあるが大半はそれ以前の作である。ちなみに記（一）は有名な「池亭記」である。文体の多様と作の秀逸が『本朝文粋』中に相応の位置を占めさせているのであろう。また、かれ自身の詩文集として「慶保胤集二巻」があったようだが（『本朝書籍目録』）、現存しない。

天徳・応和期の才子

保胤は入学後間もなくから、その詩文の才を発揮し称讃された。正暦《しようりやく》三年（九九二）高丘相如が飛騨守《ひだのかみ》に任じられて赴任するとき、権中納言藤原伊周《これちか》邸で送別の宴と詩会が催された。その時後輩の大江以言《もちとき》が作った詩序に「天徳・応和の間、天下の子女の才子を語る者、多く高俊・茂能を云ふ」とある（『本朝文粋』巻九）。天徳（九五七～九六一）・応和（九六一～九六四）はいずれも村上朝の年号で、高俊は高丘相如の字、茂能は言うまでもなく保胤の字である。保胤十五歳から二十二歳、内御書所出仕後数年のころである。この高俊・茂能の評判を、以言は自身の実体験として見聞したわけではない。以言が没したのは寛弘七年（一〇一〇）七月二十四日、五十六歳であるから、生年は天暦九年（九五五）と逆算される。三十年ほども前の、まだ自分が大学寮に入学もしていない幼少のころのことを、このように言ったのである。この世界で知らぬ者のない伝説として入学後耳にしたのであろう。しかも正暦三年の餞宴の場に、すでに出家後六年の保胤はいない。それでもなお現職の相如と並べて語り伝えられる、保胤はそれほどの才子とされていたということである。

文章座の首座

さて、相如とともに天下の才子と併称された保胤は、文時の弟子中の筆頭だったとも伝えられる。師の菅原文時はながく文章博士を勤めたためか多くの弟子がいて、かれらが文章と才学の二つの座に分かれて列するとき、文章の座には保胤が首座としてあり、才学の座には祢文なる人物が対していた。そして文時も保胤が史書全経（歴史書やあらゆる儒学の書）に堪能の者と評していたという（『古事談』）。匡房も「門弟の中に已《すで》に貫首《かんじゅ》（頭となるもの）たり」と往生伝に記している。

朗詠される佳句①

ある早春の一日、白楽天の詩「早春即事」中の「春は生《しょう》じて地形に逐《したが》ふ」を句題《くだい》として詩宴が催されたとき、保胤が唱首として序を作った。その中に「東岸西岸《とうがんせいがん》の柳《やなぎ》遅速《ちそく》同じからず　南枝北枝《なんしほくし》の梅開落已《うめかいらくすで》に異なり」という一句があった。これが藤原公任《きんとう》『和漢朗詠集』（巻上春、早春）に収められている。全文は『本朝文粋』（巻八）にあるが『和漢朗詠集』の抜粋が佳句としてもてはやされた。春は東風によってもたらされるから、同じ池辺の柳でも、東側の柳は早く芽生え、西岸の柳は遅い。同じ梅の木にしても、暖かな陽ざしを浴びる南の枝と、陽の当らない北側の枝とでは、花が咲くにも散るにも違いがあるものだ、との謂《いい》である（菅野禮行校注・訳『和漢朗詠集』）。

寛治《かんじ》四年（一〇九〇）正月二日、摂政藤原師実《もろざね》が公卿以下を招いて催した臨時客《りんじきゃく》で「東岸西岸の句」が朗詠され（『中右記』）、承安《じょうあん》二年（一一七二）正月二日の摂政基房《もとふさ》家臨時客にも数回朗詠された（『玉葉』）。さらに『平家物語』巻九「生《い》けずきの沙汰」には、讃岐国屋島《さぬきのくにやしま》（香川県高松市）に退いた平家が都での雅な遊びを想い語る件《くだり》に、やはりこの句が地の文にさりげなく織り込まれている。謡曲「東岸居士《とうがんこじ》」に至ってはみごとに換骨奪胎し、橋勧進《はしかんじん》の歌の中に自在に融け込ませている。保胤没後数百年にしてなお、中世文化の一部をみごとに担い続けているのを知ることができよう。

朗詠される佳句②

同じく『和漢朗詠集』（巻下、祝）の一句「長生殿《ちょうせいでん》の裏《うち》には春秋富《と》めり　不老門《ふろうもん》の前には日月《じつげつ》遅し」も多くの人々に愛唱された。詩題は「天子万年」。長生殿の中では、前途のあるわが君はまだまだお若くていらっしゃる。不老門のあたりでも、時はゆっくり流れて、天子は老いを迎えることはないのだ、と天子の治世が平和で万年も続くことを寿《ことほ》いだものである。祝いの句として和歌、謡曲、歌曲などに多くの影響を与えた。謡曲「邯鄲《かんたん》」に「長生殿の裏には春秋をとどめたり、不老門の前には日月遅し」とあり、謡曲「養老《よおろお》」も「長生の家にこそ、長生の家にこそ、老ひせぬ門はあるなるに、……」と詠い、保胤の名が衰える気配はない。また重要文化財「長生殿蒔絵手箱《まきえてばこ》」（徳川美術館所蔵）は、この佳句を意匠化した鎌倉時代の作とされている。たった一句が元になり、文学・芸能・工芸の各方面にそれぞれの花を開かせ千年の時を超える。才とはこういうものなのだろう。

詩才の伝説化

評判は時とともに肥大し、しばしば伝説化する。

保胤の作の一つ「郷涙数行征戎《きょうるいすうこうせいじゅ》の客《かく》、棹歌《とうか》一曲釣魚《ちょうぎょ》の翁《おう》」も『和漢朗詠集』（巻上秋、月）に採録された。辺境に出征している兵士たちは、千里を照らす今宵の月を見ては望郷の涙を幾筋も流すことであろう。また大河に舟を浮べて釣りをする翁は、この月影の下、一曲の舟歌を歌って興じるであろう、との意である。

佳句は朗詠を通して広く享受されていく。『和漢朗詠集』は数多くの註釈書が作られたが、そのこと自体、詩句が人口に膾炙《かいしゃ》していく際の媒体になったことを示していよう。

師文時の絶賛

そしてこの一句もやがては師文時の絶賛するところとなった、などと説明が加えられることになる。『江談抄《ごうだんしょう》』はこの句につき「詩興に入る由、かの師匠菅三品示し給ふ」と注記し（巻四―八二）、さらに暦応《りやくおう》二年（一三三九）書写の三河鳳来寺《みかわほうらいじ》旧蔵『和漢朗詠集』は、文時は人前ではこの詩を称歎《しょうたん》せず、後日無人の時に保胤を招き入れこっそり褒めたたえた、と一段と話を膨《ふく》らませた（佐藤道生『三河鳳来寺旧蔵 暦応二年書写 和漢朗詠集 影印と研究』）。

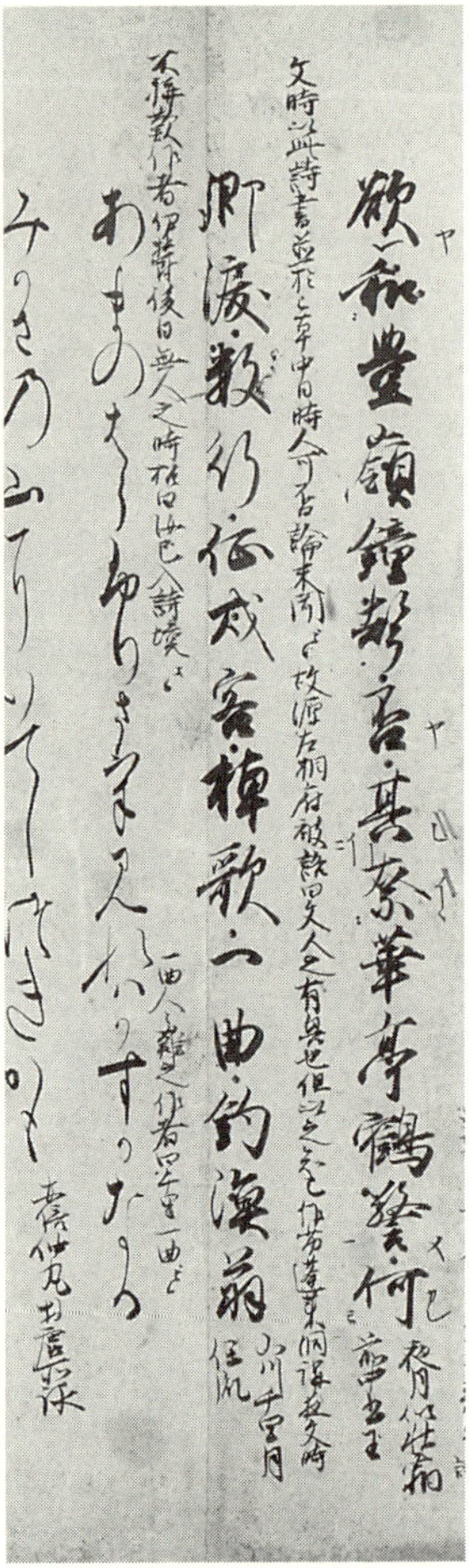
暦応２年（1339）書写の三河鳳来寺旧蔵『和漢朗詠集』
（上，十五夜付月，佐藤道生氏蔵）

保胤、師を凌ぐ

保胤の詩才が師をも凌《しの》ぐほどであったとの師弟逆転の話もある。文時が自作の詩の「蓬莱洞《ほうらいどう》の月の霜《しも》を照らせる中」に自信を持てず塞《ふさ》いでいると、保胤がやって来て「秀句なり」と称賛したところ、やがて世間も秀逸と評したというが（『袋草紙《ふくろぞうし》』上巻）、ここまでくるとほとんど信じがたい話だ。ある時、具平親王《ともひらしんのう》が指南とすべきわが国の詩人の集を保胤に問うたのに対し、保胤は師文時の『文芥集《ぶんかいしゅう》』(現存しない)をあげたという(『江談抄』巻五―四九)。やはりこの辺りを落ち着きどころとすべきだろう。

現実に戻ろう。

三　善秀才宅詩合

三善道統

応和三年(九六三)三月十九日、保胤ら学生や文章生にとって先輩格の三善道統《みよしのみちむね》が自邸に後輩を招き詩合(善秀才宅詩合《ぜんしゅうさいたくしあわせ》)を開いた。保胤もこれに名を連ねている。亭主の道統は天暦七年(九五三)に文章生、天暦十年(九五六)に学問料を支給されて翌年文章得業生となり、その後五年の研鑽を経て応和二年(九六二)に対策及第している。本来は得業生として七年の勉学が必要だが二年足りず、学問料を支給されてからの一年をプラスしても足掛け六年余、まだ少し不足だったが、大江斉光《ただみつ》の例にならい早く課試を遂げさせたいとの文章博士兼大内記藤原後生《のちおう》と大学頭兼文章博士菅原文時の申請が功を奏して認められたものである(『類聚符宣抄』巻九)。細かな事情はともかくとして、専門の儒者としての出発点に立ち、前途洋々、やや得意げな詩宴であったかと推測される。

参加した学生

この日集った詩人は亭主以外に十四人。このうち十二人を左右に六人ずつ配し詩を競わせ、残る二人が亭主とともに評定《ひょうじょう》をつとめた。かれらはすべて字で記されている。保胤は左方の筆頭に茂能と記され、以下藤政（藤原秀孝《ひでたか》）・橘能（橘正通《まさみち》）・藤賢（藤原有国）・高誉（高丘重名《しげな》）・三一（三統篤信《みむねのあつのぶ》）、右方は高俊（高丘相如）を筆頭として橘宣（橘倚平《よりひら》）・茂興（賀茂保章）・源澄（源為憲）・高文（高丘兼弘《かねひろ》）・文慎（文室如正《ふんやのゆきまさ》）と続く。また講師は左方が藤原秀孝、右方は橘倚平、評定は加賀介《かがのすけ》藤原篤茂《あつしげ》・内記藤原行葛《ゆきくず》と三善道統であった。宮中や貴人の邸宅に召集されてのものとは違い、気心の知れた先輩後輩の集まりであったが、保胤と相如がそれぞれ左方と右方の頭首をつとめている点が注目される。天徳～応和の才子とされる所以《ゆえん》である。

句題の意

その保胤と相如は、「花鳥は尚《な》ほ春を留《とど》む」の句題で七言詩を作り競っている。春が過ぎようとしているのに、なお花は咲き乱れ、鳥は歌い続け、春を引き留めようとするとの句題の意をうけ、春の風・春の景色のなかで、花と鳥それぞれが競うように咲き、歌う。その華麗な掛け合いが言葉を尽くして詠われる。華やかで若々しさが印象的な詩である。保胤二十一歳、記録に残るもっとも若いときの記念すべき作である。全文をあげよう。

保胤の作

花鳥は尚ほ春を留む

鳥啼《な》き花落ちて　幾《いく》ばくか分かれ飛ぶ
春暮れて春を留めむとす　契《ちぎ》り豈《あ》に違《たが》へむ

鳥が啼き花が落ちても、どれほどの花鳥が分かれ分かれに飛び去ることがあろうか。
春が暮れても春を留めようとし、どうして（春になれば花は開き鳥は谷を出るという）約束を破ろうか。

風静かにして偏《ひと》へに随《したが》ふ　歌哀哀《あいあい》たり
日遅《おそ》くして弥《いよ》いよ任《まか》す　艶菲菲《ひひ》たり

春風は静かに吹き、鳥はひたすらそれに随おうとして悲しげに歌う。
春の一日は暮れがたく、花は前にも増してそれに身を任せるかのように乱れ咲く。

苦《ねんごろ》に芳景に箏《そう》を吟《ぎん》じて語らしむ
剰《あまつさ》へ青陽《せいよう》に樹を繞《めぐ》りて輝くを占む

春の景色の中で鶯に箏を奏でるような声で語らせる。

それればかりか、陽春の中で樹木をめぐって輝くように咲いている花を独占する。

漏《とき》を惜しむ玉声《ぎょくせい》は高くして曲を乱す
睛《ひとみ》を遮《さい》ぎる錦影《きんえい》は脆《もろ》くして機《はた》を辞す

春を惜しむ鳥の鳴き声はうわずって曲調を乱している。
眼を遮ぎっていた満開の花は、錦の織物が織機からはずされるように、弱々しく樹から散り落ちている。

令粧《れいしょう》　枝の上に全くは尽くること無し
意有りて谿《たに》の中に早くは帰らず

花の良き姿は木の枝から全ては消え去っていない。
鶯は思う所あって谷の住みかにすみやかには帰ろうとしない。

金翅碧葩《きんしへきは》　今計会《けいかい》す
伴ひ来たりては兼ねて恐る　一時に稀ならむことを

今、金翅の鳥と碧葩の花とにちょうど出会うことができたけれども、
後々両者が時を同じくして無くなってしまうことが今から心配だ。

（本文校訂・訓読・訳文は慶応義塾大学教授佐藤道生氏および成城大学准教授山田尚子氏のご教示を得た）

勝負は未定

さて、勝負は如何。評者も甲乙付けがたかったのであろう。「未定」となっている。

空也大般若経供養会の願文

ところで三善道統はこの年八月二十三日、空也《くうや》により催された大般若経《だいはんにゃきょう》供養会《くようえ》の願文を書いている（『本朝文粋』巻十三）。空也に対する保胤や源為憲の関心は高い。保胤は『日本往生極楽記』に弘（空）也の伝を記し、為憲も『空也誄《るい》』を遺した。唐突のようだが、ここで善秀才宅詩合の五ヵ月後に催された大般若経供養会に触れておく意味は少なくない。

花鳥は尚ほ春を留む

（菊池容斎『前賢故実』巻5，郁文舎，1903年，国会図書館デジタルコレクションより）

空也は十四年前の天暦四年（九五〇）から『大般若経』六百巻の書写供養を計画した。願文によれば、目的は四恩《しおん》（父母・国王・衆生・三宝）と六道《ろくどう》（天・人間・修羅・畜生・餓鬼・地獄）の衆生《しゅじょう》の成仏にあり、そのために当日は釈迦が般若の教えを説いた時にならい鴨川の東岸に宝殿を設け、宿願成就を期して六百の高僧を招請して読誦《どくじゅ》させた。さらに夜は万灯会《まんとうえ》を催して菩薩戒《ぼさつかい》を修し、阿弥陀如来を念じて往生極楽を祈願した。その功徳は神祇《じんぎ》・天皇・東宮・公卿百官・国内遠近僧俗尊卑に振り向けられ、その救済が願われた。空也のそのような意を受けて道統は筆力をふるったのである。

空也の入京と布教

空也は天慶元年（九三八）入京した。当時、平将門や藤原純友などによる東西の不穏な情勢が都にも影響を及ぼしつつあり、四月には大規模な地震が京都を襲い余震は十月まで続いていた。朝廷は諸寺社に命じて『仁王経』一万部を読ませ、承平八年を天慶と改元した。改元の理由は厄運・地震・兵革に対して謹慎の意を示すためとあり、社会の実情と朝廷の危機意識を端的に反映している。そのような人心の不安を示すものか、京中の大路小路に岐神《ふなどのかみ》とか御霊《ごりよう》と呼ばれる男女相対の木像を祀《まつ》り、礼拝し幣帛《へいはく》（神への供物）を捧げ香華《こうげ》（仏に供える香と花）を供えるなどする妖しげな動きもあったという。空也はそのような時期に入京し、みずから阿弥陀如来の名号を唱え他にも唱えさせた。保胤は、後年、それを「念仏三昧《ざんまい》」と呼び、それまでは人々の忌避するところであったと言っているから（『日本往生極楽記』）、おそらく当初は得体の知れない不審な坊主として見られていたに相違ない。しかしそれ以来ほぼ四半世紀、さまざまな社会福祉的な活動も伴っていたためか、その念仏勧進は着実に上下に浸透し、このたびの供養会には左大臣藤原実《さね》頼《より》以下多くが結縁《けちえん》したばかりでなく、公金十貫文の支給も受けている。結縁した者の中には空也と二世の契りを結んだ大納言藤原師氏《もろうじ》もいたはずである。かれが七年後の天禄《てんろく》元年（九七〇）に没した際、空也は師氏のために閻羅王《えんらおう》宛の牒状《ちょうじょう》（訴え文《ぶみ》）を書いたという。師氏は関白太政大臣忠平《ただひら》の子であり、また左大臣実頼や右大臣師輔《もろすけ》は兄であるから、空也は民間のみならず朝廷の枢要な貴族の信をも得ていたのである。

保胤・為憲と空也の伝

この時点での空也と道統以外の学生や文章生との直接的な接触は確められない。しかし後に源為憲が『空也誄』を書き、保胤も往生者の一人として『日本往生極楽記』に収録している。いずれも道統の「大般若経供養願文」を参考にしているものと思われる（増尾伸一郎「源為憲と初期天台浄土教」）。

空也上人立像
（六波羅蜜寺蔵，浅沼光晴氏撮影）

空也の基礎史料がこの三人によって残された事実は興味深い。為憲と保胤のものはいずれも空也没後の作だが、その関心は『大般若経』供養会のころには明確になっていたはずだ。氏素性不明の外来者、呪術的・狂操的印象の強い宗教行為、新奇の念仏三昧といった空也の外観の奥に、若者の感性は新しい何ものかを感知していたのであろう。

供養会が行われた鴨川東岸付近には西光寺《さいこうじ》が建立され、それが空也没後、弟子中信《ちゅうしん》により六波羅蜜寺《ろくはらみつじ》と寺号が改められた。創立者の個性や力量が失われたとき、組織をどう維持し経営するかが後継者の課題となる。浄土信仰一筋を思わせる西光寺よりも、教義としてより包括的かつ基本的な六波羅蜜―檀《だん》（布施《ふせ》）・持戒《じかい》・忍辱《にんにく》・精進《しょうじん》・禅定《ぜんじょう》・般《はん》若《にゃ》（智慧《ちえ》）の六種の実践項目―を寺名に据え、より天台色を濃くして寺勢拡大の一助としたのであろう。そのような中で寺僧は法華講《ほっけこう》・供花会《くげえ》・菩提講《ぼだいこう》・迎講《むかえ(ごう)こう》といった種々の講会《こうえ》を企画し、道俗貴賤が願主《がんしゅ》や施主《せしゅ》となり、その喜捨《きしゃ》により法事が維持経営された。多くの善男善女が講筵《こうえん》に参集し、罪障を懺悔し、念仏を唱えて往生を願う、六波羅蜜寺は「講の寺」としてのシステムを整備し発展していった（今堀太逸「六波羅蜜寺と市聖空也」）。

西光寺から六波羅蜜寺へ

空也や六波羅蜜寺への保胤をはじめとする文人貴族の関心は、はやく紀伝道の学生時代よりあり、東山やその一部としての六波羅一帯が、次に述べる勧学会《かんがくえ》や詠詩の場となっていくのである。

第三 勧学会

一 勧学会の草創

勧学会《かんがくえ》については、ここでまとめて述べることとし、保胤に即した時系列順の記述方法をとらないことをあらかじめお断りしておく。

勧学会行事の概略

康保《こうほう》元年（九六四）十一月十五日、紀伝道の学生《がくしよう》と延暦寺の僧侶各二十名が東山親林寺《しんりんじ》に集い勧学会が催された。午前は僧による『法華経』従地涌出品《じゆうじゆじゆつほん》の講説、午後はその中から論題が選ばれて僧による竪義《りゆうぎ》論義（義を立て論義すること）が行われた。その始終はわが保胤により記録されたが現存しない。夕刻からは阿弥陀仏を念じ、その後は従地涌出品から「志楽於静処（静かなる処を志《こころざ》し楽《ねが》ふ）」の一句を選び、これを句題とした仏法讃嘆の漢詩が作られ、その詩は親林寺に奉納された。詩の序は保胤の弟保章《やすあき》が作っている。その後はその詩や白楽天の詩句や『法華経』等の経文の偈《げ》などを朗誦して夜を明かしたが、この時の勧学会の次第は源為憲《ためのり》が結衆《けっしゅう》を代表して記録した。それが後述する「勧学会記」である。

勧学会と無常観

その為憲が二十年後の永観《えいかん》二年（九八四）、冷泉《れいぜい》天皇第二皇女尊子《そんし》内親王のために仏宝・法宝・僧宝の三巻から成る『三宝絵《さんぼうえ》』を献呈した。その僧宝巻に一月から十二月にわたる仏事法会《ほうえ》を列挙し、勧学会を三月と九月の十五日を中心とする行事として採りあげて、それを始めた理由を以下のように説明している。動機は無常観《むじょうかん》に迫られてという（以下『三宝絵』の引用は新日本古典文学大系）。

人ノ世《よ》ニアル事、ヒマヲスグル駒《こま》ノゴトシ。我等タトヒ窓ノ中ニ雪ヲバ聚《あつ》ムトモ、且《しばらく》ハ門《かど》ノ外ニ煙ヲ遁《のが》レム。

人生は短い。白駒《はっく》の隙《げき》を過ぐるがごとく、瞬《また》く間に過ぎ去っていく。我らの本分は、懸命に勉強し、いわゆる蛍雪《けいせつ》の功を積むことにあるが、しばらくはそれを遁れようではないか、と無常観を明言する。これは『三宝絵』全巻冒頭の総序が無常観をもって説き起こされていることと呼応している。たとえば『万葉集』巻三の沙弥満誓《しゃみまんぜい》「世ノ中ヲナニニ譬《たと》ヘム朝マダキ漕《こ》ギ行ク船ノ跡《あと》ノ白浪《しらなみ》」や、『法華経』随喜功徳品《ずいきくどくほん》の「世ハミナ堅《かた》ク全《また》カラザル事、水ノ沫《あわ》、庭水《にわたづみ》、外景《かげろう》ノ如シ。汝《なんじ》ラ悉《ことごと》ク正《まさ》ニ疾《と》ク厭《いと》ヒ離《はな》ル、心ヲ成スべシ」の一文が例示され、為憲の仏教との接点が無常観にあることが明記されている。勧学会の創始も、その一端は無常観に発しているものと理解される。

勧学会記

さて、先の康保元年（九六四）十一月十五日の為憲の記と保章作の序と保章を含めた学生の詩三首を一括した巻子《かんす》が、一九八三年師走、東京都足立区の西新井《にしあらい》大師《だいし》総持寺《そうじじ》から発見された（口絵参照）。これが小松茂美氏により「勧学会記」と仮称され、翌年、氏の解説を添えて複製刊行された（小松茂美『藤原忠通筆勧学会記』）。次いで後藤昭雄氏によりその修正と解説がなされ、史料としての「勧学会記」がより確かなものになった。この記により勧学会の具体的な次第や、この時詠じられた詩三首、不詳の者も含めて学生七名と僧侶十五名の名前などが明らかになり、その後の研究に資するところ大であった（後藤昭雄「『勧学会記』について」）。また勧学会は康保元年に創始され、以後三月と九月の十五日を恒例の会日としたから、「勧学会記」はその初回か第二回目の記録と推察され（康保は応和四年七月十日改元）、その意味でも貴重な発見であった。一九九〇年六月、国の重要文化財に指定されている。

勧学会の日時

『三宝絵』は勧学会を三月と九月の十五日を中心とする行事として採りあげている。その冒頭を「村上ノ御代《みよ》、康保ノ初ノ年」と書き出し、「クレノ春、スエノ秋ノ望《もち》ヲソノ日ニ定テ」と記している。クレノ春は三月、スエノ秋は九月、望は十五日である。しかし「勧学会記」には、記中の賀茂保章の詩序中に「于時康保第一年十一月十五日」とあり、康保元年である点は共通しているが、十一月十五日とあって三月でも九月でもないのが気になる。これについては、三月・九月が恒例であることから、「十一」は「九」の誤写であろうと小松茂美氏は言う。しかし文中に「火鑪《かろ》に就《つ》きて重ねて聯句《れんく》あり。当日の期、山雪紛々《ふんぷん》たり」（原漢文）とあり、火鑪（いろり）・山雪など冬季を思わせる言葉がある。これが旧暦九月半ばに矛盾しないかどうか、検討の余地はある。

康保元年勧学会は十一月か

康保元（応和四）年の正月元旦は陽暦の二月二十一日にあたる（『日本文化総合年表』岩波書店）。おおよそ五十日ほどのズレがあり、九月十五日も十一月十五日も降雪の可能性はある。ちなみに寛弘《かんこう》五年（一〇〇八）九月十四日に雪が降ったという記録はある（『日本紀略』同日条）。ただしこれだけでは康保元年九月に降ったとも降らなかったとも決しかねる。ここでは原文どおり十一月とし、なんらかの事情でこの時は二ヵ月延期したものと解しておく。なお文化庁の国指定文化財としての名称は「康保元年十一月勧学会記（綾本）」とあり、十一月説を採っている。

勧学会の会場、親林寺

勧学会の会場は「勧学会記」に親林寺とあるが、ほかに親林寺にほど近い月林寺《がちりんじ》や東山の禅林寺《ぜんりんじ》でも行われたようだ。親林寺は現在の京都市左京区一乗寺曼殊院《まんしゅいん》付近の下水《しもみず》飲《のみ》にあった。第十八世天台座主《てんだいざす》良源《りょうげん》が弟子たちに示した制誡中に、籠山僧《ろうざんそう》が結界《けっかい》を出ることを禁じて、四方の境界を「東は限る悲田《ひでん》、南は限る般若寺《はんにゃじ》、西は限る水飲、北は限る楞厳院《りょうごんいん》」と定めている（「天台座主良源起請《きしょう》」原漢文、『平安遺文』）。親林寺は延暦寺の西の境界の水飲近くに位置していたことがわかる。親林寺とともに会場に宛てられた月林寺も、その近くの月輪寺町一帯がその跡地と推定されている。桜の名所でもあったようだが、三月の勧学会のころにはすっかり若葉になっていただろう。

聖俗の境界

現在、親林・月林両寺旧地の北に修学院離宮《しゅうがくいんりきゅう》がある。離宮の南側を流れる音羽川《おとわがわ》に沿った比叡山への登山道は雲母坂《きららざか》として知られ、古来、京都と比叡山を結ぶ重要な通路であった。天台座主補任《ぶにん》に際し宣命使《せんみょうし》はこの坂を登り宣命を読みあげることになっていたようだが、永祚《えいそ》元年（九八九）十月一日、円珍（智証《ちしょう》）門徒余慶《よけい》の座主就任に宣命使として登山しようとした少納言源能遠《よしとお》は、水飲において数百人の円仁（慈覚《じかく》）門徒の襲撃をうけ、宣命を捨て藁履《わらぐつ》も着けずに逃げ帰ったという。円珍門徒で園城寺《おんじょうじ》（三井寺《みいでら》）長《ちょう》吏《り》である余慶の行動は、なにかと円仁門徒の攻撃の対象にされていて、これ以前から両門徒の対立が激しくなっていたのである。余慶はなんとか座主に就任したものの十二月下旬には辞任を余儀なくされ、やがて山門《さんもん》（延暦寺）と寺門《じもん》（園城寺）の対立は激化の一途をたどる。親林寺はその雲母坂の登り口付近に位置していたが、通常は僧俗双方にとって便利な中間地点、閑静な聖域であったと考えておきたい。

二　勧学会の次第

十四日夜の集合

勧学会はどのように執り行われたのか。概略は先に述べたが、「勧学会記」と『三宝絵』を手掛かりに、しばらくその次第をたどってみよう。

さて、その親林寺に僧俗が相逢うのは十四日の夜分であった。まず学生側について「勧学会記」は、平慎《へいしん》（字、姓名不詳）が官車を用意し、川を渡るために前をはしり、藤賢（藤原有国《ありくに》の字）が皆を率い、盗難に配慮して後を固めた、と記す。官車の用意とか盗難への配慮など、道中の描写として興味深い。いよいよ寺に近づく段になると『三宝絵』はなかなか写実的だ。おそらく康保元年の際も同様だったのだろう。

十四日ノ夕ニ、僧ハ山ヨリオリテフモトニアツマリ、俗ハ月ニ乗リテ寺ニユク。道ノ間ニ声ヲ同ジクシテ、居易《きょい》ノツクレル「百千万劫《こう》ノ菩提《ぼだい》ノ種《たね》、八十三年ノ功徳《くどく》ノ林」トイフ偈《げ》ヲ誦《じゅ》シテアユミユクニ、ヤウヤク寺ニキヌルホドニ、僧又声ヲ同クシテ、法華経ノ中ノ「志求仏道者《しぐぶつどうしゃ》、無量千万億《むりょうせんまんのく》、咸以恭敬心《かんいくぎょうしん》、皆来至仏所《かいらいしぶつしょ》」ト云フ偈ヲ誦シテマチムカフ。

白楽天の詩句

僧は山を下り俗は十四日の月光を浴びながら寺に向かう。その途次、学生たちは声を合わせて白楽天の詩句「百千万劫の菩提の種、八十三年の功徳の林」を誦し、その声が次第に寺に届くころには僧たちも『法華経』方便品《ほうべんぼん》の偈「志求仏道者、無量千万億、咸以恭敬心、皆来至仏所」を誦して待ち迎える。

「百千万劫の菩提の種……」は「僧に贈る五首　鉢塔院如大師《はっとういんにょだいし》」と題する、五人の僧に贈った詩の第一首の一・二句で、唐大和《だいわ》五年（八三一）、白楽天六十歳の作である（『白氏文《はくしぶん》集《しゅう》』巻五十七）。如大師は香山寺《こうざんじ》如満《にょまん》大師のことで当時八十三歳。それまでに白楽天は如満より八斎戒《はっさいかい》を九度受けている。それで師の如満は永劫にわたる悟りの種を身につけられたお方であり、これまでの八十三年間に施された功徳は広大な林のごときものだ、と称えたのである。学生たちは自分たちを憧れの白楽天に、比叡山の僧たちを如満に見立てたのだろう。親林寺に到着するころには、気持ちはすっかり白楽天に成りきっていたはずだ。

法華経の偈

一方の「志求仏道者……」は『法華経』方便品の一節。方便品は『法華経』八巻二十八品《ほん》のうち、序品の次に説かれる重要な章の一つである。釈迦仏が説いた声聞乗《しょうもんじょう》・縁覚乗《がくじょう》・菩薩乗《ぼさつじょう》の教えは（三乗《さんじょう》）、濁乱悪世《じょくらんあくせ》の垢《く》・慳貪《けんどん》・嫉妬《しっと》・不善根《ふぜんこん》にまみれた衆生のために仮に方便をもって説いたもので、本来はただ一つの成仏の教えなのである（一乗《いちじょう》）。衆生を悟りの道に導き救うために一乗の教えはあり、この真実の法を信じるものは必ず成仏するであろうと説く。「志求仏道者……」は、それを説いたかなり長大な偈の一部分で、「仏道を志求する者は、無量千万億にして、咸《ことごと》く恭敬《くぎょう》の心をもって、皆、仏の所に来至す（幾千万もの仏道を求める者たちが、恭しく恭敬の心をもって仏のもとに赴いた）」との意である。かれらが、かつて、もろもろの仏より方便の教えを聞いているのを見知った釈迦仏が、今こそ真実の法を説く時と意を決したとの文脈中の一句である。

学生は白楽天が如満大師と結んだ契の故事を踏まえ、僧もまた法華一乗の教えを講じようと呼応する、だれの企画と差配か、本番前夜にふさわしくよく練られた演出である。

勧学会衆——学生

康保元年（九六四）の勧学会に集った僧俗のうち、「勧学会記」により判明するのは次の人々である。まず学生は、賀茂保胤・同保章・源為憲・藤原有国・中臣朝光《なかとみのあさみつ》・文室如《ふんやのゆき》正《まさ》・平慎の七名である。このうち字で記される茂能・茂興は保胤と保章兄弟、藤賢は有国、中和はおそらく朝光、文信は文慎の誤りとすれば如正と推測されるが、平慎は不明である。残りの十三名については記されていない。「勧学会記」には保章・朝光・如正の七言詩があるが、他の学生の詩は欠落している。この部分が残っていれば、不明の学生名とそれぞれの詩が明らかになったはずである。

なお先に触れた前年の「善秀才宅詩合《ぜんしゅうさいたくしあわせ》」に藤原秀孝《ひでたか》・橘　正通《たちばなのまさみち》・高丘重名《たかおかのしげな》・高丘相如《すけゆき》・三統篤信《みむねのあつのぶ》・橘倚平《よりひら》・高丘兼弘《かねひろ》・賀茂保胤・賀茂保章・源為憲・文室如正・藤原有国ら十二名の学生が出席していた。仮にかれらも加え得るとすれば十四名を数えることができる。また同じく前年、学生信正王《のぶまさおう》・蔭孫《おんそん》平美信《よしのぶ》が文章生試を奉じている。さらに藤原惟成《これしげ》が草創期からかかわっていた可能性もある。しかしいずれも確認できない。

なお開催時を問わなければ、これまでに確認または想定されている会衆《えしゅう》として、このほかに紀斉名《きのただな》・源某（名不明、字高階）・源　淑信《みなもとのよしのぶ》・藤原忠輔《ただすけ》・菅原資忠《すけただ》・菅原輔昭《すけあき》・平惟仲《これなか》・源扶義《すけよし》・藤原為時《ためとき》・高階積善《たかしなのもりよし》たちがいる。

勧学会衆——僧侶

一方の僧侶については一名の不詳者を含めて十五人の名があがっている。慶助《けいじょ》・賢《けん》寂《じゃく》・能救《のうぐ》・法禅《ほうぜん》・慶雲《けいうん》・勝算《しょうさん》・聖感《しょうかん》・暦喜《れきき》・尊延《そんえん》・慶円《けいえん》・性高《しょうこう》・増□（僧名不詳）・明《みょう》遍《へん》・穆算《ぼくさん》・清義《しょうぎ》である。この中には後に僧正《そうじょう》に昇った勝算（九四〇～一〇一一。当時二十五歳）、大僧正ついで第二十四世天台座主になった慶円（九四三〜一〇一九。同二十二歳）、長徳四年（九九八）大僧都《だいそうず》になった穆算（九四四〜一〇〇八。同二十一歳）など、僧綱《そうごう》や延暦寺内僧職の枢要の地位に至った者もいる。また源信《げんしん》の弟子の能救もいる。能救は寛仁元年（一〇一七）六月十日の源信示寂《じじゃく》の際、夢中に師源信の西方極楽への旅立ちを見たと源信の伝（『楞《りょう》厳院《ごんいん》廿《にじゅう》五《ご》三昧結衆《ざんまいけつしゅう》過去帳《かこちょう》』）に記されている。かれは年来、近江国甲賀郡石倉寺《いしくらでら》に住していたが、老年になって行歩もままならなくなったので、もうこれが最後のご挨拶になるでしょうと前年十月に源信の許《もと》を訪れていたという。世間的には目立たないが、源信の伝記に欠かせない人物である。僧俗ともにその後の人生はさまざまではあるが、いずれも前途有為の青年たちであった。

「勧学会記」には、親林寺に着いたその夜、詩一句を誦すごとに酒三盃を傾けたとある。後代には、一品の肴《さかな》で三盃の酒を飲むことを一献《いっこん》と称するようだが、この場合は詩一句を一肴に見立てた趣向であろうか。「火鑪に就きて重ねて聯句有り」とも言うから、暖をとりつつ幾杯も盃を重ねたものであろうか。酒の他に餌袋《えぶくろ》と破子《わりご》も持参した。餌袋は道中用の食糧袋のこと、破子は食物を盛る容器。その内容は不明ながら貧乏学生のこと、三献の肴がよもや『徒然草』（二一六段）にあるような打ち鮑《あわび》や海老や掻餅《かいもち》などではあるまい。餌袋の餌には「こなもち」（米粉を蒸して作った団子）の意味があり、いかにも学生が用意した餌袋の中味を連想させるが、無論、根拠のない想像にすぎない。

聖域での酒食厳禁

ところで水をさすようだが、先の「天台座主良源起請」によれば、良源は厳しく結界を制したのみならず、「まさに破子をもって山僧に送り施こすを禁ずべき事」（原漢文）と、俗人から飲食の提供を受けることも禁じている。それにもかかわらず抑止しきれない実態があったようで、去る天徳年中（九五七～九六一）と康保年中（九六四～九六八）に相次いで制札《せいさつ》を東西坂下に立てたにもかかわらず、放逸《ほういつ》の輩がこれを破り制禁を犯して憚らないので、今重ねて厳禁すると言っている。西坂下は親林寺の近くであり、康保年中とはまさに勧学会創始の時期と重なっている。「勧学会記」にある餌袋・破子・酒がこれに抵触しなかったのか。

献盃

詩と琴と酒は文人にとって必須の三点セットである。琴はともかくとしても、この際、詩と酒は不可欠であろう。先に従地涌出品から「志楽於静処」の一句を選び、これを句題とした仏法讃嘆の漢詩が学生により作られたと述べたが、このとき賀茂保章・保胤・藤原有国・文信（文室如正か）・講師（賢寂）らが「献盃」したと「勧学会記」は記す。勧学会ばかりではない。東山極楽寺《ごくらくじ》で同寺伝法阿闍梨《でんぽうあじゃり》主宰の詩会が催された際、詩序の作者をつとめた保胤は、「三数盞《せん》（三四盃）の温酎《おんちゅう》（温めた酒）は、禁戒といえども吾徒に許さる」と言明している（『本朝文粋』巻十）。

学生はともかく聖職者にとって酒は制誡中の最たるものだ。しかし一方で僧坊中での酒は史上そう珍しくはない。わが国法華八講《ほっけはっこう》の創始者とされ、それにまつわる感動的な話を伝えられる大安寺の勤操《ごんそう》も、法華八講のそもそもの発端は「薬の酒」による失敗であった（『三宝絵』法宝巻十八）。勧学会についてひろく知ろうとすれば、酒もまた事実の一つとして興味深い。

十五日の次第

十五日は勧学会の当日である。朝から午後にかけて『法華経』の講説と論義、夕からは阿弥陀仏名を念じ、その後は暁に至るまで、仏と仏法を讃嘆する作詩と偈頌《げじゅ》詩句の唱和で勧学会を終えた。その次第をもう少し詳しく跡付けてみる。

従地涌出品

康保元年（九六四）十一月十五日早朝、卯《う》の二点とあるから日の出後間もなく、僧俗は入堂して仏と経を礼し、午前は『法華経』巻五従地涌出品の講説が行われた。講師《こうじ》は賢寂、読師《どくし》は明遍。聴く者を感動させ、経典に対する興味を懐かせるのが経釈である。賢寂は僧俗の聴衆を前に大いに張り切り、弁舌をふるったであろう。

それにしても勧学会の初回か二回目にあたるこの日、『法華経』八巻二十八品のうち、ちょうど真ん中に位置する従地涌出品を選んだのはなぜだろう。そのことを考えるために、まず従地涌出品の内容を知る必要がある。

この品は、娑婆《しゃば》世界の諸方の国土から来た無数の菩薩たちが、釈迦涅槃《ねはん》後の『法華経』の弘通《ぐつう》を申し出るのに対し、釈迦がそれを断然拒絶するというやや衝撃的な話から始まる。その理由を釈迦は、この娑婆世界の下に虚空《こくう》があり、そこで修行している無数の菩薩たちがやがてこの経を護持し、読誦し、広説するからである、と大音声《だいおんじょう》をあげて説明する。そしてそれが終わるや否や、娑婆世界のあらゆる国土が震え裂けて、その亀裂から幾千万の菩薩が一斉に涌出《ゆうしゅつ》した。菩薩たちはみな金色で、仏が具備すると同じ三十二の好相を有していた。この不思議な光景について釈迦は、「これら地から湧き出た地涌《ちゆう》の菩薩たちは、私が久遠《くおん》の昔より教え導き、覚醒させ、完全に清浄にさせた人々である。かれらは常に静かなところを志し願い、勤行《ごんぎょう》し、精進した（この夜の作詩の句題「志楽於静処（静かなる処を志し楽ふ）」は、この部分から選び採られたもの）。これは真実である。これを一心に信じなさい」、と説いた。しかし釈迦が成道《じょうどう》して涅槃に入るまではわずか四十余年にすぎず、それにもかかわらず久遠の昔から教化したのだという釈迦の言葉を理解することができない弥勒菩薩は、どうして短時間の間にそんなことが可能なのか、とさらにその訳《わけ》を問う。

インドの地に釈迦族の皇子として生れ、修行し、成道して説法している釈迦が、実は久遠実成《じつじょう》（久遠の昔から成仏していること）の仏であり、すでに永劫《えいごう》の過去から無数の衆生を教化してきた仏であることが初めて明かされる章、それが従地涌出品なのである。

法華経の本門と迹門

天台宗において『法華経』は最重要の経典だが、中国天台宗の開祖智顗《ちぎ》（天台大師、五三八～五九七）がその著『法華文句《ほっけもんぐ》』において、序品より安楽行品《あんらくぎょうほん》に至る十四品は「迹《しゃく》」、従地涌出品より最後の普賢菩薩勧発品《ふげんぼさつかんぼっぽん》までの十四品は「本《ほん》」と規定して以来、前十四品を迹門《しゃくもん》、後十四品を本門《ほんもん》と解するようになった。本迹《ほんじゃく》は本地《ほんじ》と垂迹《すいじゃく》の意である。前半の迹門は、インドのブッタガヤに成道《じょうどう》し八十歳で入滅《にゅうめつ》した歴史上の釈迦が、この世のあらゆる衆生を導き平等に成仏させるために説いた法であり、その釈迦は超歴史的本体・根源としての仏（本地）が歴史的世界に現れた姿（垂迹）であるとされる。これに対して本門は、釈迦の本地が、じつは永劫の昔にすでに成仏した久遠実成の不滅の仏であり、無量の過去から数えきれない菩薩や衆生を教化してきたとする。従地涌出品は『法華経』本門の最初の章であり、久遠実成の釈迦仏の教えを説く『法華経』後半の、いわば本論の序説にあたる部分とされている。そして本地の仏に教化された無数の菩薩が大地より涌出し、仏の久遠なることを明かそうとする壮大で劇的な叙述が強く印象づけられる章である。『法華経』の専門家である天台僧が、勧学会の出発時にこの品を選んだ理由は、おそらくその辺りにあるのだろう。それは『法華経』入門に際しての適切な配慮と選択と言うべきである。

講問論義と竪義論義

「勧学会記」には、午後は従地涌出品より論題を選択し、それをめぐる竪義論義を行ったと記す。論義には、奈良時代以前よりある経典講説の理解を深めるための講問論義と、平安前期には僧侶課試の方法として定着した竪義論義とがあるが、いずれも論義を重んじる興福寺をはじめとする南都《なんと》の諸寺や延暦寺などの法会において盛んに勤修された。勧学会の場合は課試とは関係がないので、竪義とはいいながら、義理を説いて明らかにする講問論義が行われた。だから「勧学会記」には「作法は例の如し」とあるが、「例」といっても学問僧の課試を目的とした竪義論義ではなく、経典の知識や理解を深めるための講問論義を指すとすべきである。延暦寺座主の延昌《えんしょう》は、毎月十五日、諸僧を招いて弥陀《みだ》の讃を唱え、兼ねて浄土の因縁、法華の奥義を対論させていたという（『日本往生極楽記』）。勧学会はこのような私的な事例にならった、勉強会のようなものと解して大過ないだろう。

勧学会の論義

竪義の僧は清義。かれは永延元年（九八七）六月十二日、左中将藤原実資《さねすけ》邸での読経を勤め、寛弘四年（一〇〇七）十二月十八日に阿闍梨《あじゃり》に補任されている。論義の題は不明だが、中臣朝光と推測される中和という字の学生がそれを記した短冊を清義に授けている。論義の題に即して清義と問者僧《もんじゃそう》の間で質疑応答が繰り返されたはずだ。学生も加わった僧俗の聴衆は、竪義（竪者《りっしゃ》とも）と問者のやり取りを聴聞して、経論の内容を理解するのである。竪義も問者も真剣であり、相当の予習が必要であっただろう。学生にとっては修学の意義を有し、若い学問僧にとっては研鑽《けんさん》の機会になったと思われる。先に触れたように、保胤がその始終を記録したとされるが、いまは失われてない。いま見ることができれば、「勧学」の内容がより精確に理解でき、何よりも保胤の『法華経』に対する習熟度が窺えるはずだ。

天台大師の讃

論義が終わると諸僧は座にもどる。そして異口同音に天台大師等の讃を誦す。それは梁上《りょうじょう》の塵を動かすほどに感動的だった。天台大師の讃とは「天台大師画讃」を指すものと思われる。「天台大師画讃」は中国唐代の能書家として知られる顔真卿《がんしんけい》（七〇九～七八五）の作で、七言八十八句より成る。円珍によりもたらされ、霜月会《しもつきえ》の天台大師供《てんだいだいしく》の際に唱えられた。『三宝絵』僧宝巻の比叡霜月会に、「大師供ヲオコナフ。霊応図《りょうおうず》ヲ堂ノ中ニカケテ供養ズ。……画讃ヲトナフ」とある。また大師示《じ》寂《じゃく》時の様子を「天《あめ》ノ雲メグリタナビキテ、風サムクイタム。山ノ木低傾《たれかたぶき》、水ムスビカナシブ。十日カホ（顔）ノ色同クシテアヤマラズ。身ニアマネク汗ナガレテ、イキ玉《たま》ヘル時ノゴトシ」と記すが、これは「天台大師画讃」の七言の偈の訓読である（武覚超「天台大師画讃註」）。

仏法讃嘆の詩作

十五日夜から暁にかけては「仏ヲホメ、法ヲホメタテマツリテ」詩を作り「ソノ詩ハ寺ニ」納めた（『三宝絵』）。学生の一人が、我らは受け難き人身《にんじん》を受け、こうして逢い難き善根《ぜんこん》に逢った、たとい綺語《きぎょ》の罪を犯すことになろうとも、この随喜の心を詩に託さないではいられないが、諸君いかがか、と呼びかけ、皆が応じたのである。そこで僧侶がこの日のテキスト従地涌出品から「志楽於静処（静かなる処を志し楽ふ）」の一句を選び、これを文友たちに授けた。皆はこれを句題として詩を作り、茂興（慶滋保章）が序を作った。いずれもすぐれて高雅な詩であった（「勧学会記」）。

白楽天にならう

「ソノ詩ハ寺ニヲク」とあるように、仏法讃歎の詩は親林寺に納められたと推察される。寺への納置は、白楽天が洛陽に在った大和三年（八二九）から開成五年（八四〇）までの十二年間の詩十巻八百首を、香山寺の経蔵に納めた故事にならったものである。白楽天の本意は「香山寺白氏洛中集記」（『白氏文集』巻七十）に簡潔に述べられている。

狂言綺語の初見は勧学会

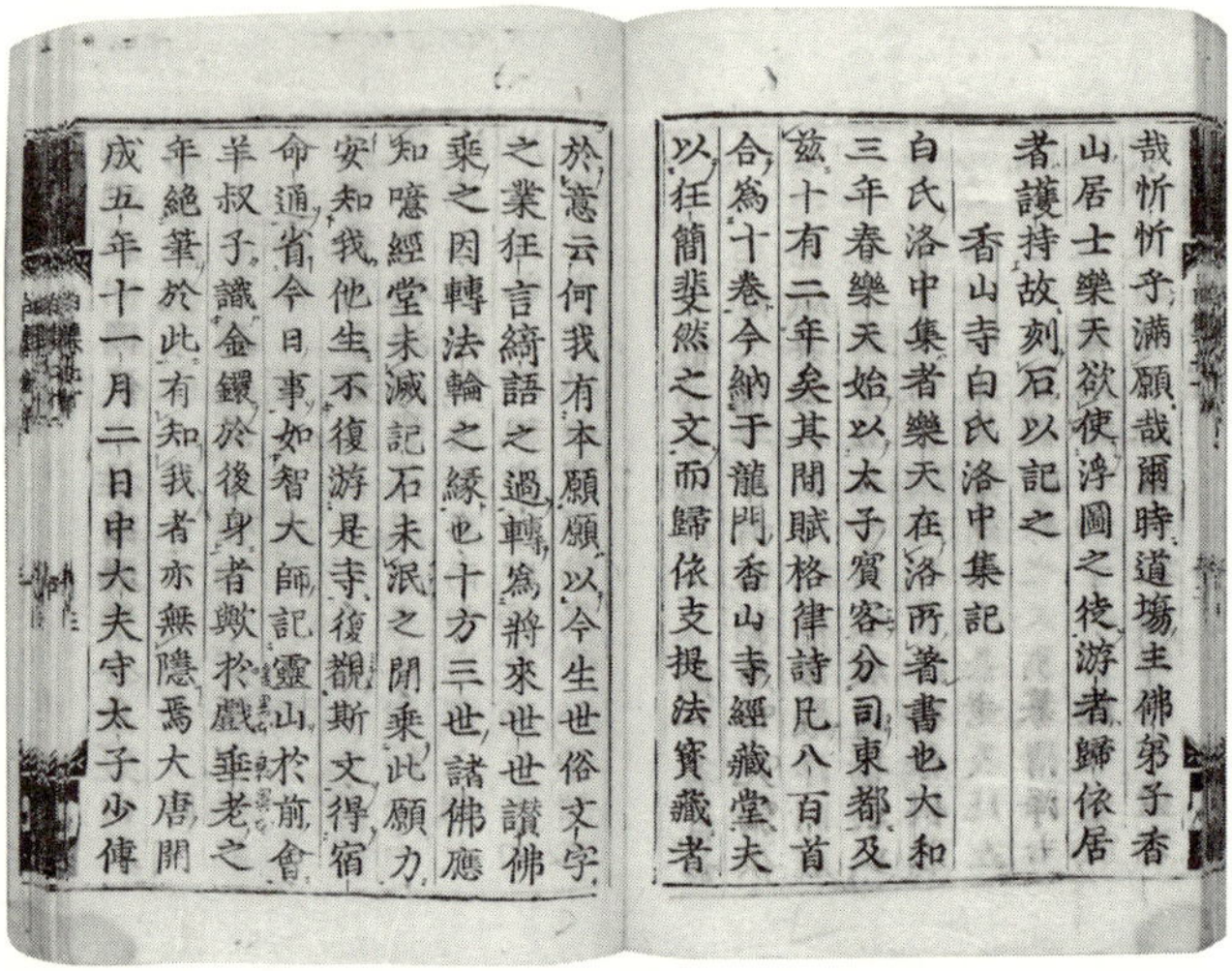
哉忻忻兮満願哉爾時道場主佛弟子香
山居士樂天欲使浄圖之徒游者歸依居
者護持故刻石以記之
香山寺白氏洛中集記
白氏洛中集者樂天在洛所著書也大和
三年春樂天始以太子賓客分司東都及
茲十有二年矣其間賦格律詩凡八百首
合為十巻今納于龍門香山寺經藏堂夫
以狂簡斐然之文而歸依支提法寶藏者
於意云何我有本願願以今生世俗文字
之業狂言綺語之過轉為將来世世讃佛
乘之因轉法輪之縁也十方三世諸佛應
知噫經堂未滅記石未泯之間乘此願力
安知我他生不復游是寺復覩斯文得宿
命通省今日事如智大師記靈山於前會
羊叔子識金鐶於後身者歟於戯垂老之
年絶筆於此有知我者亦無隱焉大唐開
成五年十一月二日中大夫守太子少傅

香山寺白氏洛中集記（「白氏文集」19〈557-22〉那波本，宮内庁書陵部蔵）

願わくは、今生《こんじょう》世俗文字の業、狂言《きょうげん》綺《き》語《ぎょ》の過《あやまり》を以て、転じて将来世世讃仏乗《さんぶつじょう》の因、転法輪《てんぽうりん》の縁と為《せ》んことを。

今生世俗の文筆の業を、狂言であり綺語（偽り飾った言葉）であると一旦否定的にとらえたうえで、この文筆の業をもって仏法を讃《たた》え広める機縁にしようとの意である。

中国では狂言や綺語の語は白楽天以前も以後も用例は豊富であるが、わが貴族社会では『白氏文集』を介しての使用が一般で、その渡来以前は皆無、初例は『三宝絵』（勧学会）、次いで『和漢朗詠集』とされる（山田昭全「勧学会と狂言綺語観」)。これ以前、菅原道真や大江維時《これとき》らが関心を寄せる可能性もあったが、やや遅れて勧学会の学生たちにより注目され流布《るふ》した。その後中世仏教文学史の特質を示す不可欠のキーワードになることは言うまでもない。その先鞭《せんべん》をつけたのが勧学会に集った人々であった。

詩句の唱和

勧学会の行事をたどると、一同が声を合せて詩句や経の偈を誦すという表現が多く見出される。『三宝絵』勧学会の説明も、総字数の半分以上をそのことで占めている。十四日夕の学生「百千万劫ノ菩提ノ種……」と僧侶「志求仏道者……」、十五日の学生「願ハコノ生ノ世俗文字ノ業……」についてはすでに見たが、この他にも十五日は、学生「此《こ》ノ身何ゾ愛スルニ足《た》ラム、万劫煩悩《まんこうぼんのう》ノ根《ね》、此ノ身何ゾ厭《いと》フニ足ラム、一聚虚空《いつじゅこくう》ノ塵《ちり》」という白楽天の詩句、僧侶による『法華経』方便品の「聞法歓喜讃《もんぽうかんきさん》、乃至発一言《ないしほついちごん》、即為已供養《そくいいくよう》、三世一切仏《さんぜいつさいぶつ》」の偈、竜樹《りゅうじゅ》菩薩の十二礼拝偈《じゅうにらいはいげ》などを誦し、これに口を開け声を揚げて名号《みょうごう》を称《とな》える弥陀念仏も加えて夜を明かした。

このように信仰の問題をたんに教理や言語といった静的・思弁的なレベルに止めずに、誦《じゅ》・唱《しょう》・朗詠《ろうえい》といった身体的・感覚的領域にまで拡げて実践したのも、勧学会の特徴である。

声仏事をなす

いくつもの詩句や偈頌の唱和を列挙したところで為憲は続けて言う。「娑婆世界ハコヱ《（声）》仏事ヲナシケレバ、僧ノ妙ナル偈頌ヲトナヘ、俗ノタウトキ詩句ヲ誦スルヲキクニ、心オノヅカラウゴキテ、ナミダ袖ヲウルホス」、と。

宗教における声や音の効用は洋の東西と古今を問わない。平安時代の仏教についてみても然《しか》り。山の念仏として知られている延暦寺の不断念仏《ふだんねんぶつ》が、すぐれて音楽性に富むものであったことはつとに報告されている。不断念仏は、円仁によりもたらされた中国五《ご》台山《だいさん》の法照《ほっしょう》の五会《ごえ》念仏に起源を有し、それは五つの異なった旋法を用いた念仏唱和法であったとされている。今、勧学会の人々の詩句の「誦」や経典の偈頌の「唱」がどのような曲調（ふし）であったのかを復元することはできないが、おそらくなんらかの曲調を付けたものであったろうことが推察される（薗田香融「山の念仏」）。念仏ばかりではない。詩曲の吟詠もまた、声を揚げて仏を讃嘆するためである、と保胤も言っている（「冬日、極楽寺禅房において同じく落葉の声雨の如しと云うことを賦す」『本朝文粋』巻十）。

経典を、今日の読書のように、黙読されるものとばかり考えるのは正しくない。言葉に強弱や高低を付け、同じ内容を詩的表現に変えて繰り返し、音楽的な抑揚の中に包み込む。俗な言い方をすれば恍惚《こうこつ》とさせる。時として美声や容姿すら要請される。信仰の場において、五感に訴える仕掛けや演出は不可欠であった。「コヱ仏事ヲナシケレバ……心オノヅカラウゴキテ」というのは、その辺りの事情を端的に語っている。

三　保胤と勧学会

静かなる処を志し楽ふ

叙述が少々脇にそれたようだ。振り返って勧学会での保胤の詩について見ておこう。康保元年（九六四）の勧学会では「静かなる処《ところ》を志《こころざ》し楽《ねが》ふ」の句題で作詩された。「勧学会記」に賀茂保章・中臣朝光・文室如正以外の作は失われ、保胤の作が見られないことは前に触れた。だが幸いにも『江談抄』にその一部が引用されている。

ある人が「摩訶迦葉《まかかしよう》の行の中に得、妙法蓮花《みようほうれんげ》の偈の裏《うち》に求む」（原漢文）を採りあげて、「この句のどこがよくて本朝佳句《ほんちようかく》に入集されたのか」と難じたところ、大江匡房が「上句と下句の対すこぶる優なる故か」と答えたという。『江談抄』はこの句を保胤の作とし、「静かなる処を志し楽ふの詩なり」とする。静かな所を志し求めようとすれば、摩訶迦葉の頭陀行《ずだぎよう》のうちや（上句）、『法華経』の偈のなかに求めることができる（下句）、と保胤は詠じたのである。句題の一致から康保元年勧学会のものと判断されている。な

禅林寺での勧学会

禅　林　寺（京都市左京区永観堂）

お非難者がいう『本朝佳句』は現存しない。

勧学会における保胤の作としては断片が他にも一、二あるが、詩序と詩の両方が揃っているものとしては、某年九月の東山禅林寺《ぜんりんじ》での作がある。禅林寺は仁寿《にんじゅ》三年（八五三）、空海の弟子真《しん》紹《しょう》により創建された。永観堂《えいかんどう》の名でも知られているが、そうなるのはもう少し時代が下る。

この時の句題は『法華経』方便品中から採った一句「聚沙為仏塔（沙《すな》を聚《あつ》め以《も》て仏塔を為《つく》る）」であった。仏はさまざまな方便をもってその優れた教えを解き明かす。もし荒野の中において土を積んで仏廟《ぶつびょう》を成し、あるいは童子の戯れに沙を聚めて仏塔を作る、このような諸々の人々は、皆、悟りを得ることができるだろう、との文脈からの摘句である。その詩序が『本朝文粋』（巻十）に、詩が『作文大体《さくもんだいたい》』という漢詩作成の参考書に残された。両書を合すれば保胤の詩序と詩の全体がわかる。長文なので段落に分けて復元してみる（原漢文）。

五言《ごごん》。暮秋勧学会。禅林寺において法華経を講ずるを聴き、同じく沙《すな》を聚《あつ》めて仏塔を為《つく》ると云《い》ふを賦《ふ》す。　慶《けい》保《ほう》胤《いん》

勧学会の趣旨

台山《たいざん》の禅侶《ぜんりよ》二十口《にじゆっく》、翰林《かんりん》の書生《しよしよう》二十人。共に仏事を作《な》して勧学会と曰《い》ふ。縁を結び因を植うること、盛《さかり》なるかな大《だい》なるかな。方《まさ》に今、一切の衆生をして、諸仏の知見に入れしむるに、法華経より先なるはなし。故に心を起し掌《たなごころ》を合せて、其の句偈を講ず。無量の罪障《ざいしょう》を滅して、極楽世界に生ずるに、弥陀仏より勝《すぐ》れたるはなし。故に口を開き声を揚《あ》げて、其《そ》の名号《みょうごう》を唱ふ。凡《およ》そ此《こ》の会《え》を知る者は、謂《い》ひて見仏《けんぶつ》聞法《もんぽう》の張本《ちょうほん》と為し、此の会を軽んずる者は、恐らくは風月詩酒《ふうげつししゅ》の楽遊《らくゆう》と為さん。

詩序はまず勧学会の趣旨を述べる。すべての衆生を諸仏の知見に入らせるのに『法華経』より優れた教えはなく、無量の罪障を消滅させ極楽に往生するのに阿弥陀如来に勝る仏はいない。だから『法華経』の句偈を講じ、声を揚げて弥陀の名号を唱えるのである。この会の意義を重んじる者は見仏聞法の張本というべきだが、逆に、軽んじる者は風月詩酒の楽遊に堕してしまうであろう。ここまでが第一段。

沙を聚めて仏塔を為る

次いで題目をあげその題意に及び、さらに敷衍《ふえん》して展開する。ここが保胤の腕の見せ

どころ、持てる詩才のすべてが傾注されるところである。

原《たず》ぬれば夫《そ》れ童子の沙を聚め、以て仏塔を為《つく》る。戯弄《ぎろう》の手より始め、幼稚の心より出《い》づ。波洗ひて消さんと欲《ほっ》すれども、竹馬に策《むちう》ちて以て顧みず。雨打ちて破れ易けれども、芥雞《かいけい》を闘しめて以て長く忘る。既《すで》にして其の数は則《すなわ》ち是《こ》れ幾許《いくばかり》ぞ。其の高さ一重に過ぎず。海風の沈香《じんこう》を吹く、自《おのずか》ら芬芳《ふんほう》を供《く》し、河水の砕金《さいきん》を汰《あら》ふ、暗《あん》に厳飾《ごんしょく》を添ふ。如来の説く所、此の児の戯《たわむれ》に依りて、皆仏道を成《じょう》ず。況《いわ》んや我等、或は齢《よわい》壮年を過ぎ、其の誠且《ま》た多日なり。何ぞ来世《らいせ》に宿住通《しゅくじゅうつう》を開きて今日の事を覚《さと》らんこと、智者大師の霊山会《りょうぜんえ》を記するが如くなるを疑はん。重ねて此の義を宣《の》べんと欲して、詩句を以て歎じて曰く。

童子が戯れの弄《もてあそ》びから沙を集めて仏塔を作り、それが波に洗い消されそうになっても、竹馬に鞭打って顧みようともしない。雨に打たれて壊れそうになっても、鶏を闘わせてすっかり忘れてしまう。しかしこんなかりそめの功徳でも、方便品に成仏できると確約されている以上、仏は決して見捨てたりはしない。海風は芳しい沈香の香を吹きよせ、川水の砂金を洗っておごそかに装飾するのである。「波洗ひて消さんと欲すれども、竹馬に策ちて以て顧みず。雨打ちて破れ易けれども、芥雞を闘しめて以て長く忘る」は、名文として『和漢朗詠集』（巻下、仏事）に採られるところとなった。

聚沙為仏塔の詩

最後は、序に言うところの意が、詩をもって重ねて述べられる。

沙を聚めて仏塔を為る　此の事児童より出づ
まさに失ふべし秋霜《しゅうそう》の底　傾かんと欲す夜雨の中
人は唯だ戯を作すと看《み》るも　仏は其の功《く》を捨てたまはず
彼已《すで》に成道《じょうどう》を得たれば　菩提遂《つい》に空《むな》しからず

序の「童子の沙を聚め、……幼稚の心より出づ」は、詩の初句「沙を聚めて仏塔を為る　此の事児童より出づ」に対応し、「波洗ひて消さんと欲すれども、……芥雞を闘しめて以て長く忘る」は、第二句「まさに失ふべし秋霜の底　傾かんと欲す夜雨の中」に換言されて、そのはかなさを印象づける。そして詩の第三句「人は唯だ戯を作すと看るも」は、序の「此の会を軽んずる者は、恐らくは風月詩酒の楽遊と為さん」を内意として含みながら、反転して「仏は其の功を捨てたまはず」を導き、ついには「彼已に成道を得たれば　菩提遂に空しからず」と、菩提の確かさへと結んでいる。

この保胤の序と詩は勧学会の趣旨を要領よく伝え、『法華経』の経旨を的確に把握している。だからといってそれに詩想や詩的表現が制約されることはなく、ごく自然に行われていて、勧学会のなんたるかを示す好例と言ってよい（柳井滋「経句題の詩について」）。

仏法讃嘆の因、転法輪の縁

先に詳しくたどったように、勧学会の構成要素は『法華経』の講経論義と念仏と詩作の三から成る。保胤はこれを「仏事」であり「風月詩酒の楽遊」ではない、と禅林寺「聚沙為仏塔」詩序で明言している。しかし講経論義と念仏はたしかに仏事といえるが、詩作がなぜ仏事と言えるのか。これを説明するのが前述の白楽天「願わくは、今生世俗文字の業、狂言綺語の過を以て、転じて将来世世讃仏乗の因、転法輪の縁と為んことを」の一句である。天下国家か、さもなくば花鳥風月を詠じる今生世俗文字の仕業《しわざ》を、狂言綺語の過と一刀両断に断って棄て、一転して仏法を讃嘆し教えひろめる機縁にしようという逆転の発想である。狂言綺語・讃仏乗の因・転法輪の縁という語は、詩や歌を仏縁を結ぶよすがにし、もって今生の滅罪と後世《ごせ》の救済を願うための不可欠の言葉となった。

風月の為にして作らず

保胤の弟保章も兄と思いを共有していた。勧学会の詩序を作った保章は、「凡そこの詩は、仏の為、法の為、勧学の為、結縁の為にして之《これ》を作り、風月の為にして作らず」と言っている（「勧学会記」）。かれらの功績は、白楽天のこの一句をいち早く取り入れた点にのみあるのではない。作詩の目的は「仏・法・勧学・結縁」にありとし、ともすれば陥りがちな風月詩酒の遊びを強く戒めた点にある。上にあげた柳井氏の評によれば、保胤の禅林寺での詩序と詩は、勧学会の趣旨をよく伝え、『法華経』の経旨を的確に把握しつつも、教条に流れず、豊かな文学性が保たれているという。これは一つに保胤の詩文の才の賜物《たまもの》であろうが、もう一つ、『法華経』に沈潜しその経旨をよく理解していることにも由来しているだろう。経典の珠玉の言葉をちりばめても、経旨の糸によって繋ぎとめられなければ、それは意味を成さない。仏法の趣旨をよく表現し、しかも文学の香りを失わない詩、これが保胤たちの求めた新たな詩境であった。ただたんに仏教語を駆使した詩がかれらの求めたものではない。その奥に湛《たた》えられた真意を理解し、詩化することが大切なのである。そのためには天台僧による講経論義の聴聞が必須になる。

「勧学」の意義

保胤にとっての「勧学」の意義はここにあるのだ。この緊張を欠けば、第二期勧学会を再興した高階積善が言う「法華を講じて文藻《ぶんそう》を弄《もてあそ》ぶ」仕儀に堕しかねない（「七言暮秋勧学会、法興院において法華経を講ずるを聴き、同じく世尊の大恩といふを賦す」『本朝文粋』巻十）。そしてこの程度の温度差は会衆《えしゅう》の間に常に存したのであり、これがやがて自壊を導く主因になるのである。

四　勧学会の衰退

会場確保の困難

勧学会は年ごとの春秋に滞りなく行われたかにみえる。しかるに泣き所が一つあった。固定的な会場を有していなかったことである。そこで会場の建設が計画され、資金の調達が企図された。天延二年（九七四）八月十日、保胤は会を代表して、かつての同志で今は日向守《ひうがのかみ》として赴任している橘　倚平《たちばなのよりひら》に資金援助を依頼した。善秀才宅詩合に参加し橘宣の字《あざな》で記されていたことは前に触れた。以下、依頼の要旨である。

橘倚平に寄付依頼

草創以降十一年が経過した。期日は三月と九月の十五日と決まっているのに、定まった会場がない。もし親林寺と月林寺に触穢《しょくえ》などの不都合が生じて借用できない場合は、急遽《きゅうきょ》他処に求めなければならない。これは仏事としての勧学会にとって恥ずべきことであり、僧俗会衆の歎きとするところである。

幸いにも去年、前甲斐掾 刑 部良秀《さきのかいのじょうおさかべのよしひで》なる者が夢の告げといって、土地を施入してくれた。そこで僧俗合議のうえ仏堂一宇を建設することにしたが、会の先輩も同志もみな貧乏で、志に反して力不足は覆いがたい。一国の国守となっているのは貴君だけである。ついては月俸の一部を割いて建設資金として寄付してはいただけないか。どうか意のあるところをご理解いただきたい。

これに党結《とうけつ》（現在の会衆）と故人（かつての党結）の署名を添えて国衙《こくが》（国の役所）宛てに送った（『本朝文粋』巻十二）。

堂舎建立の知識文

ほぼ同趣旨の呼びかけが、人々に結縁を勧め財物寄進を要請する知識文《ちしきぶん》の書式でも書かれた。知識とは善知識《ぜんちしき》ともいい、この場合は財物を寄進して写経・造寺・造仏などを行うことをいう。この知識文も保胤が作成したが、実際に知識を勧誘する役割を担った者として、「勧誘　源高階」なる人物の署名が末尾にある。高階は字、源は姓である（後藤昭雄「慶滋保胤」）。

一銭一粒でも寸鉄尺木でも、力の耐えるかぎり寄進をお願いしたい。これらが積もり積もって堂舎を建立できれば、われらは世々《せぜ》生々《しょうじょう》に阿弥陀仏にまみえ、『法華経』を聴くことができるだろう。もし会衆《えしゅう》以外にも同心合力の人がいれば、おおいに随喜しほめたたえることであろう。知識文の最後はこのような言葉で結ばれている（『本朝文粋』巻十三）。

堂舎の内容

この知識文には堂舎の内訳が具体的に書かれている。

堂一宇〈一間四面。礼堂《らいどう》有るべし〉
廊二宇〈各七間。僧俗の房〉
屋一宇〈七間。炊爨《すいさん》所〉

堂舎は堂・廊・屋舎の三棟から成る。堂一宇は一間四面で、礼堂有るべしと付記されている。一間とは長さの単位ではなく柱間の数をいうから実際の大きさはわからないが、僧俗四十人を収容できる面積が確保されていなければならない。堂はおそらく阿弥陀像を安置した、講経や論義や念仏など勧学会の主要行事が行われる場であろう。講経・論義・念仏はいわば仏事法会と称すべきものであるから、これらは聖なる空間で行われるべきで、それが堂である。廊二宇はともに七間でそれぞれ僧俗の房として使用する、いわば控室といった空間である。屋舎一宇は七間で炊飯の用途のためとされている。十四日夕から十六日朝までの飲食を支度するのである。

堂付属の礼堂

堂に付属して「有るべし」とされた礼堂はなにをするところか。先に保胤の禅林寺での勧学会の詩序と詩について述べたが、創建者の真紹が法会の内容や僧侶の修学など寺内のさまざまな規則について草した「禅林寺式《ぜんりんじしき》」が、この点について示唆的である（山岸常人「寺院法からみた内陣・礼堂」）。その中の一条に、聚落に入り数日を経た僧等は洗浴し五日を経て入堂すべきこと、そうでない者は「礼堂」において修行すべきことが規定されている。そしてその理由は、聚落の腥気《せいき》を澄まし、仏殿の清浄を保つためだとする(『平安遺文』一五六)。腥気はなまぐさい風のこと、世俗の穢《けが》れの意である。僧侶にして然《しか》り、まして学生《がくしょう》は俗界の塵にまみれているのだから、洗浴五日は無理としても、聖なる堂に入る前に、なんらかの形で腥気を澄ますのは当然である。そのための施設が礼堂ではなかろうか。だから堂に付属して礼堂が「有るべし」とされたのであろう。同好の士の集まりにすぎない勧学会と由緒ある禅林寺を一緒にはできないが、この寺での勧学会に集ったことのある保胤ら会衆にとって、この寺の堂舎とその機能については、大いに参考になったに違いない。

倚平の返事

保胤の要請に関しては翌天延三年(九七五)五月十一日付の倚平の返事が残されている。それによると倚平は、自分は国守の官に就き微禄とはいえ給与を得ている。堂舎の建立は以前から心に思っていたことだが、赴任先が遠隔地であることや忙しさにまぎれて歳月を過ごしてしまった。しかるに勧学会の会衆ではない刑部良秀が土地を寄進し、かつての会衆である自分が月給の一部も割いていないのは、まことに愚拙懈怠《ぐせつけたい》の至りである。ここにわずかではあるが寄付して建立の資にしたい、と要請に応じている(『本朝文粋』巻十二）。

かくして専用堂舎は建立された。だが勧学会の盛行はあまり長くは続かなかったようだ。永観二年（九八四）に著された源為憲『三宝絵』には、勧学会が過去のものとは記されていないから、そのころまでは継続していたと思われる。しかし草創以来二十年も経過すれば、当初の実態を維持するのは難しかろう。会衆の交代も少なくなかったはずだ。保胤の要請文にも「会の故旧」「故人」といった字句があった。党結に対する語でかつての同志のことである。草創後十一年ですでに何人もが会を引退している。さらに藤原有国が「康保年中、文友二十有余輩」と懐古した天元五年（九八二）には、旧友の多くが任官してもはや学生ではなく、その内の橘倚平・菅原輔昭《すけあき》・橘正通《まさみち》・三統《みむね》篤信《あつのぶ》らはすでにこの世の人ではなかった。

勧学会の衰退

いかなる組織でも、草創にかかわった人々の動機や意力が、なかなか次世代に継承されにくいのが世の常だ。維持すること自体が目的化する。専用堂舎が建立されるころには、すでにそのような徴候が現われていたのではないか。後年、勧学会の衰退を回顧した高階積善は、かつての会衆である僧侶数人が「本堂が破れても修理しようとしない、また会場が遠くて煩いが多く誰がたしかに行き着きましょうか」などと言っていると、勧学会の末期症状について言及している。こういった空気は漂いやすい。それをほかならぬ草創にかかわった者こそが敏感に感じ憂慮するということは、よくあることだ。

為憲・保胤の勧学会との距離感

『三宝絵』下巻の仏事法会は、いずれも大寺院や宮中や官衙《かんが》の伝統的行事である。民間のものでも長い民俗的伝統に裏打ちされたものが多い。これに対し勧学会は、その歴史はわずかに二十年そこそこ、文章生と僧侶各二十名の小集団に限局された狭小性が際立つ集団だ。仏事とも文芸ともつかない面があることも否みがたい。尊子内親王にとってどれほどの必要性があっての採択か、正直、いささかの違和感を禁じえない。おそらくは為憲が往時の盛行を回顧して、懐旧の情黙《もだ》し難しといった心理の産物と思われる。その二年後の寛和二年（九八六）四月二十二日に保胤も出家している。勧学会の退潮だけが出家の直接原因ではなかろうが、かれに訣別《けつべつ》を決意させるものが、すでに勧学会の内部に孕《はら》まれていたのであろう。

第一期勧学会衰退の時期

その後寛弘（一〇〇四〜一二）ころに一旦復活し、また断絶して長元（一〇二八〜三七）ころに三たび行われる。その第二期目にあたる高階積善の序と藤原有国の詩が残っている。ある年の暮秋に左大臣藤原道長の後援を得て法興院《ほこいん》で行われ、『法華経』信解品《しんげほん》から「世尊大恩」の句を採り題とした。さきに「法華を講じて文藻を弄ぶ」おそれがあると積善が言及した、あの時の勧学会の序である。時期は正確には不明だが、有国の詩に、勧学会は衰退して十九年の後に中興したとある。有国は寛弘八年（一〇一一）七月十一日に没しているから、十九年の起点は寛弘七年（一〇一〇）九月十五日以前で、遡《さかのぼ》れば正暦《しょうりゃく》二年（九九一）、これが第一期勧学会存続の下限となる。また仮に保胤の出家を重要な契機とすれば寛和二年（九八六）が起点となり、それから数えて十九年後は寛弘二年（一〇〇五）となる。おそらく寛和二年～正暦二年（九八六～九九一）に中止に追い込まれたのであろう。

第四　起家と改姓

一　起家献策

具平親王の侍読

保胤の二十歳代〜三十歳代は、かれの人生を彩るさまざまな人物との出会いの時期でもあった。その一人が具平《ともひら》親王（後中書王《のちのちゅうしょおう》）である。親王は応和《おうわ》四年（九六四）六月十九日（七月十日改元康保《こうほう》）、村上天皇の第七皇子として誕生した。天禄《てんろく》二年（九七一）親王八歳のとき、保胤は親王の侍読《じとう》になったと思われる。侍読とは天皇・皇族や摂政・関白などの貴人に侍して、読書の指導をする役のことである。皇族の読書始《どくしょはじめ》はおおむね七歳から十歳くらいの間とされているが、親王の八歳もその例に叶っている（大曾根章介「具平親王の生涯」上）。後に保胤が出家した寛和《かんな》二年（九八六）、それを惜しんだ親王は詩を作り、「契を結びしより年幾《いく》ばくか改まる　十五たび寒温を変ず」と詠んだ（「心公《しんこう》に贈る古調詩《こちょうし》」『本朝麗藻』下、仏事部）。保胤が親王の侍読となり師弟の契りを結んでから十五年の歳月を経たということであるから、遡《さかのぼ》ればそれは天禄二年になる。

具平親王読書始

読書始は多くの場合『孝経《こうきょう》』を読んだ。貞観《じょうがん》二年（八六〇）に『孝経』は玄宗《げんそう》の御注《ぎょちゅう》と定められているから、おそらく『御注孝経』のはずである。そのときに催された詩宴の作であろうか。『和漢朗詠集』（巻下、親王付王孫）に保胤の詩句の一部が残る。「巻《かん》を開いては已《すで》に知る子たるの道　秋風に悵望《ちょうぼう》す鼎湖《ていこ》の雲」。親王は子としての親に尽すべき道を、開巻してたちまちに悟られた。昔、黄帝《こうてい》が昇天した時、人々は鼎湖の雲を仰いで悲しんだように、親王は秋風に吹かれながら亡き先帝を慕って嘆き悲しむのである。悵望は嘆き仰ぐこと、鼎湖は伝説上の優れた帝王である黄帝が昇天した所、その時、人々は天を仰いで悲しんだという（菅野前掲『和漢朗詠集』）。親王の父村上天皇の崩御は康保四年（九六七）五月二十五日、その四年後の読書始に際しての親王の孝心を讃える句であろう。

具平親王の詩文の師

親王は長ずるに及び文学や学問に優れた才能を発揮した。その邸宅には大江匡衡《おおえのまさひら》・同以言《もちとき》・紀斉名《きのただな》・源順《みなもとのしたごう》・同為憲《ためのり》・橘正通《たちばなのまさみち》・菅原資忠《すがわらのすけただ》・藤原為時《ふじわらのためとき》・同惟成《これしげ》などが集い、一種の文芸サロンが形成されていたが、もちろん保胤もその一人であった。貞《じょう》元《げん》二年（九七七）の前後、親王の読書の閤において一年ぶりの詩会が行われた。それは前年以来そのことが絶えてなかったことを残念に思った親王の侍読橘正通と保胤が、「経書《けいしょ》

(儒学の経典)を読むことを一ヵ月怠れば忘れてしまうと言います。ましてや詩文を作ることにおいてはなおさらです。親王は天才秀逸にして文藻《ぶんそう》豊富でありますが、十二ヵ月も文事を廃されましては、詩文を味わうこともその意義もお忘れになるでありましょう」、と言って親王に再開を勧め、親王もまた快諾して実施に至ったものであった(『本朝文粋』巻八)。親王のもとに文人が集い、なかでも保胤がその中心だったことは、後代の歴史物語にも伝えられている(『今鏡』巻九「むかしがたり」)。

累代の継嗣は才不才を論ぜず

保胤は高丘相如《たかおかのすけゆき》と並んで才子と称《たた》えられ、若くして具平親王の侍読になり詩文の師をつとめた。また善秀才宅詩合《ぜんしゅうさいたくしあわせ》で詩人の筆頭に据えられ、勧学会《かんがくえ》において主導的な役割を果たした。しかしそれにもかかわらず、かれが重代の儒家の出身ではないとの理由で、相応の扱いを受けられなかった厳しい現実もあった。

長保《ちょうほう》四年(一〇〇二)五月二十七日、式部権大輔《しきぶごんのたいふ》で文章博士《もんじょうはかせ》を兼ねる大江匡衡は、息子の能公《よしきみ》に学問料の支給を申請した(『本朝文粋』巻六)。その中で匡衡は次のように主張している。

菅原・大江両氏は文章院を建立し、東西の曹司《そうし》を分掌してきた。そこで育った逸材は済済として今に絶えることがない。これをもって思うに、菅・江両家の門業を伝えるに「才能の有無は問題にならず、年齢の長幼も関係ないのだ」（「才不才を論ぜず、年歯にかかわらず」原漢文）。

起家と累代

菅原氏と大江氏は紀伝道の世界で「累代《るいだい》」を誇るが、賀茂氏や高丘氏はそうした父祖を有さず、いわば斯界の新参者、「起家《きけ》」にすぎない。賀茂氏の素性はすでに述べた。高丘氏はどうか。相如は自薦の奏状において、遠祖比良麿《ひらまろ》と祖父五常《かずつね》が外記《げき》で、自分はその末孫として家訓を伝えている、と言っている（高田義人「『朝野群載抄』について」）。しかしこれだけで儒家の家柄とは言えまい。だから匡衡の奏状も、菅家七代の孫にあたる菅原為紀《ためのり》が挙《きょ》に応じた時、保胤・相如の二人は俊才であったにもかかわらず、学問料の申請を断念したのだ、と菅原氏の例まであげて声高に主張するのである。菅原為紀は先祖清公《きよきみ》から数えて七代、道真からは五代の孫、父は輔正《すけまさ》である。菅原氏の系図を見るに長保四年（一〇〇二）十一月十六日に四十六歳で頓死したとある（『尊卑分脈』）。逆算すれば天徳元年（九五七）の生年となり、保胤は十四歳も若い後輩のために辞退を余儀なくされたことになる。

学問料給付の意味

ただこれには、学問料をたんなる生活給と解するだけではよくわからない事情がある。当時、給料学生《がくしょう》となることは文章得業生《もんじょうとくごうしょう》に補される候補者とみなされていたようだ。

文章得業生はやがて対策して大業を遂げ、専門的な儒職につくことになる。この儒職の世襲こそが家業の形成の前提であった。匡衡が累代の儒家の存続のため、力ずくの奏状をしたためた理由もここにあるのである。

累代は重んぜられ、起家は軽んぜらる

匡衡は続ける。

大江定基《さだもと》が大江音人《おとんど》五代の孫であることを根拠に、挙に応じたことがあった。その時、田口斉名、弓削《ゆげ》以言なる者がいたが、ともに文に巧みであったにもかかわらず競うことはなかった。「累代は重んぜられ、起家は軽んぜらる」ことは明らかである。どうか学問料を賜わり父祖の業を継がしめんことを。

後に田口斉名は紀氏に、弓削以言は大江氏に改姓するが、いずれもこの世界での重代ではない。

菅原惟熙の受験遁避

大江匡衡の申請の四十年前、保胤の師菅原文時も子息惟熙《これひろ》のために学問料の下付を願っている。ところが応和二年（九六二）六月十七日に行われた試験を当の惟熙は欠席している。射場殿《いばどの》（弓場殿）への参集を命じられた藤原公方《きみかた》・菅原資忠・三統《みむねの》篤信《あつのぶ》・橘列相・菅原惟熙・橘淑信《よしのぶ》の六名の受験者のうち、公方・資忠・篤信は出席したが、列相・惟熙・淑信の三名は障りや他行を理由に欠席したのである（『日本紀略』）。詳しい事情は不明だが、これでは戦う前に白旗をあげたも同然である。後年、匡衡が外聞を顧みない奏状を呈する下地は、すでに胚胎していたと見るべきだろう。このことがあった応和二年は善秀才宅詩合の前年、保胤二十歳の年である。

文章生保胤

それでは保胤が文章生になったのはいつか。正確にはわからないが、以下のような推測が可能である。勧学会開始の五年後の安和《あんな》二年（九六九）三月十三日、大納言藤原在衡《ありひら》の粟田山荘の尚歯会《しょうしかい》に陪席した際は「学生賀茂保胤」と記されている。学生が文章生を意味するかどうかは即断できない。そして貞元《じょうげん》二年（九七七）八月十六日に催された左大臣藤原頼忠《よりただ》主催の前栽歌合《せんざいうたあわせ》には、近江掾《おうみのじょう》と記されている。おそらく文章生のままで諸国掾に任じる文章生《もんじょうしょう》外国《げこく》の制度により任官したものだろう。それよりすれば貞元二年以前に文章生になっていなければならず、早ければ、任期四年として天延《てんえん》元年（九七三）以前に文章生になっていたと思われるが、それ以上の追究は困難である。遅くても三十五歳以前、早ければ三十一歳以前のことである。

省試の詩題

文章生試の詩題は「秋風桂《しゅうふうかつら》の枝《えだ》に生《しょう》ず」であった（『続本朝往生伝』）。ところで中国晩唐の羅隠《らいん》（八三八〜九〇九）に「省試秋風生桂枝」と題する詩がある（『羅隠集』五）。同じ詩題である。羅隠は社会や為政者に対する辛辣《しんらつ》な批判や諷刺ゆえに、何度科挙《かきょ》に応じても及第しなかった人という（大山岩根「羅隠詩小考」）。無論、そうと知ったうえでの出題であろうが、前途有為な若者に対し、ずいぶん人を喰った話だ。ただ九世紀後半の宮廷詩宴において、唐代の詩題が頻繁に取り入れられた事実があり、類似や一致も少なくないという（李宇玲「平安朝における唐代省試詩の受容―九世紀後半を中心に―」）。保胤の場合もそういうことであろう。かれがいかなる答案を書いたかは知る由もないが、幸い合格した。

文章生外国

学問料の申請を断念した保胤の前途はまったく閉ざされていたのか、というとそうでもない。紀伝道の学生が大業を遂げるに至るルートは一つではなかった。給料学生になれなくても、文章生外国という制度により、文章生が諸国の掾に任じ、秩満《ちつまん》の後、方略宣旨を申請して対策する場合もあった。『続本朝往生伝』に、大業を遂げる意思があったので申請して近江掾に任じたとあるように、保胤は一旦近江掾になり、それから方略宣旨を申請するコースを選択したのである。それでは保胤が近江掾になったのはいつころか。

近江掾任官の時期

近江掾は学問料辞退があっての後、早ければ翌年の春除目《はるじもく》に文章生外国の制により任じられたとすることができる。ここで留意すべきは、先に見た保胤と菅原為紀の年齢差十四歳である。為紀が挙に応じた時の年齢は不明ながら、おそらくは二十歳前後かと推測される。なぜなら貞元二年（九七七）には近江掾に任じているからそれより前でなければならず、かりにその年としても学問料辞退はその前年貞元元年となり、保胤三十四歳、為紀二十歳となるからである。為紀の年齢が若すぎるようにも思えるが、そう遠くない時期に類似の事例はある。藤原忠輔《ただすけ》は二十一歳の康保元年（九六四）に穀倉院《こくそういん》学問料を支給された。この時の応募者三人中、菅原輔昭だけが支給されなかったが、「年歯《ねんし》もっとも幼《わか》し」とされているから忠輔よりは年少だったのだろう（『葉黄記《ようこうき》』宝治元年四月二十七日条）。厳密ではないが二十歳前後は支給の可否を判断する境目だったと思われる。

かくして学問料辞退から近江掾任官の動きは、貞元元年あるいはその前年の天延三年にあったと想定することが可能になる。

起家献策の輩

このように重代の儒家の出でない者でも、優秀であれば掬《すく》いあげる。これは人材の活用という点からして朝廷にとって得策である。こうして活躍の機会を与えられた者を、「起家献策《きけけんさく》の輩《ともがら》」とか「宣旨を蒙《こうむ》り大業《たいぎょう》を成すの輩」と呼んだのである。

二　詩合・歌合への出仕

藤原在衡尚歯会

安和二年（九六九）三月十三日、保胤は、大納言藤原在衡《ありひら》が東郊の粟田山荘で行った尚歯会に陪席した。尚歯会とは歯は年齢のこと、長寿を願い尊ぶことである。白楽天が会《かい》昌《しょう》五年（八四五）、七十歳以上の老人六人を洛陽履道里《らくようりどうり》の自邸に招いて長寿を祝い詩を作った故事にちなむもので、わが国では大納言南淵年名《みなみぶちのとしな》がこれにならい、貞観十九年（八七七）三月に小野の山荘で主宰したのを嚆矢《こうし》とし、それに次ぎ九十二年ぶりに催されたのである。藤原在衡は寛平《かんぴょう》四年（八九二）の誕生だからこの年七十八歳。菅原文時《ふみとき》・橘好《よし》古《ふる》・高階良臣《よしおみ》・菅原雅規《まさのり》・十市有象《といちのありかた》・橘雅文《まさぶみ》の六名が招かれた。かれらはいずれも六十〜七十歳代で、橘好古は七十七歳、文時は七十二歳。詩会は文時が序者を務め、藤亜《とうあ》相《しょう》（亜相は大納言、在衡）は儒雅の宗匠にして国家の耆徳《きとく》である、七人の老人の旧遊を憶《おも》い、白楽天と南淵年名の芳躅《ほうたく》（よい行跡）を訪ねてこの会を催した、と在衡の学識と長寿を讃えた（『本朝文粋』巻九）。

垣下として陪席

この集まりに垣下《えんが》（正客以外の相伴人）の文人十七名の一人として保胤も陪席した。安芸権守三善道統、前文章得業生菅原資忠、学生高丘相如、学生藤原有国らの顔も見える。垣下の文人は七老の子供や師弟関係にある者が招かれたようだから、保胤もおそらくは有国とともに文時の門下生として出席したのであろう（後藤昭雄「安和二年粟田殿尚歯会詩」）。保胤はその詩において、「七叟《しちそう》の交友は唐と日本の古賢を受け継ぎ、天は多才を惜しんで寿命を延ばした」、と大先輩達の長寿を寿ぎ、「この会が白楽天の故事に始まり唐倭総じてこの度で三度目であり、また自身も若くしてこの会に逢うことを得た」、と詠んでいる（『群書類従』文筆部）。

尚歯会の絵

ところで先の文時の詩序には、太政大臣藤原実頼がこの会を嘉《よみ》して「倭漢両会の真を写す画障各一張」を贈ったともある。すなわち白楽天と南淵年名それぞれの尚歯会を描いた屏風二張が在衡に贈られたのである。白楽天の尚歯会絵については、年名の尚歯会における菅原是善の詩序に、これが人あってわが国に伝えられたとある（『本朝文粋』巻九）。白楽天の尚歯会の文字通りの「真を写」したものかどうかは別にして、貞観度においても絵が描かれたのであろう。

在衡尚歯会の絵

そしてこの度も描かれたことは、遠く時代を下った文安《ぶんあん》元年（一四四四）に、中原康富《なかはらのやすとみ》がその日記に「安和二年、粟田左大臣在衡申沙汰之尚歯会御絵一巻」と記していることよ

尚歯会図（『古事類苑』礼式部より）

り明らかである（『康富記《やすとみき》』同年九月三日条）。その絵様は不明だが、南淵年名主催のものは出席者の肖像ではないかとされている（伊藤大輔「似絵と尚歯会図」）。ただし学生ら文人の陪席は藤原在衡の尚歯会が初めてだから、その絵柄が同様のものかどうかは想像するほかない。ちなみに田中家旧蔵「尚歯会絵」は漢和の両尚歯会を描いているが、漢は白楽天の尚歯会、和の方は承安《じょうあん》二年（一一七二）三月十九日の藤原清輔《きよすけ》が主宰したおりのもので、漢詩ではなく和歌の尚歯会である。ただ末尾に殿舎内に七叟と九人の垣下の衆が坐す様子が描かれているのは、粟田山荘尚歯会のさまを想像するよすがになろうか（森暢「尚歯会絵」）。宮内庁書陵部蔵の「尚歯会絵并詩歌」はその模本《もほん》であろう。少々の省略はあるものの同様の絵柄である。同部蔵黒川真頼《くろかわまより》旧蔵「清輔朝臣尚歯会之記並図」は白楽天の尚歯会図を欠くが、和歌尚歯会出席者の像にそれぞれ名前を付している。

安和の変と在衡

ところで在衡主宰の尚歯会が行われたわずか十二日後、時の左大臣源高明《みなもとのたかあきら》が天皇廃立の嫌疑をかけられ大宰府に配流《はいる》されるという事件が起きている。いわゆる安和の変である。事件の経緯は措《お》くとして、『大鏡』（第二巻）によれば、事件の首謀者とされる右大臣師尹《もろただ》は左大臣となり、大納言在衡も右大臣に昇任した。大事件の直前の優雅な催しは無関係を装ったものか、太政大臣実頼の漢倭の尚歯会絵贈呈も同じ含みかと疑ってみたくもなる。しかし実頼も在衡も政権の中枢とは縁が薄く、どうやら政局の機微には通じていなかったようだ。ただ、漠然とは感じていたかもしれない。『続古事談』（二―九、四五）に、この変で大臣になれると喜んだ家人《けにん》を在衡が激怒して追い出したとある。微妙な立場を熟知していたからこそ、世間の噂には敏感にならざるをえず、保身にも十分に意を用いたのであろう。なお左大臣師尹はこの年十月十四日に五十五歳で没し、在衡も翌年師尹のあとを襲い左大臣に昇任したものの、十月十日には致仕《ちし》、出家入道して没している。

無論、保胤がこの事件に直接かかわることはなかったが、青年時の大事件として強く印象づけられたであろう。人の運命や世にあることの儚《はかな》さなど、かれの人世観に色濃い影を落していることは、その著「池亭記」を介して広く知られている。

藤原頼忠前栽歌合

貞元二年（九七七）八月十六日、三条左大臣藤原頼忠主宰の前栽歌合に出席した。寝殿と東の対屋《たいのや》との間にある細殿《ほそどの》の前に東北方から西南方へ遣水《やりみず》を流し、その左右に前栽《せんざい》を植え鈴虫を入れた虫籠を岩上に置いて秋の風情をしつらえ、和歌を詠み風雅を楽しむ遊宴であった。静かな水の音と鈴虫の澄んだ鳴き声は、秋の遊宴に必須の要素である。

主人の頼忠は忠平孫、父は実頼。この年四月に左大臣に就任し、十月には関白に任じられるが、左大臣は兼通《かねみち》の陰謀により二品《にほん》親王に復せしめられた源兼明《かねあきら》（兼明親王）の後《あと》釜《がま》に据えられたものであり、関白は兼通の病により転がり込んだ結果にすぎない。九条家に押されて北家嫡流としての地位を失いつつあり、この日の出席者の多くもこの小野《おの》宮《みや》流と、すでに傍流になっていた時平《ときひら》流の人々が多かった（萩谷朴『平安朝歌合大成』第二巻）。

歌詠むべき人々と保胤

保胤はこの宴の左右十二人の「歌詠むべき人々」の一人であった。保胤は左方で大《おお》中臣《なかとみの》能宣《よしのぶ》・紀時文《きのときふみ》・清原元輔《きよはらのもとすけ》・藤原為頼《ためより》・在原英材《ありわらのひでき》に次ぎ最後尾に配され、「あふみのそうやすたね」（近江掾）として三首の和歌を奉った。右方は源順《したごう》・平兼盛《かねもり》・源重《しげ》之《ゆき》・菅原輔昭《すけあき》・橘正通《まさみち》・藤原光舒《みつのぶ》らであった。能宣・時文・元輔・順は梨壺《なしつぼ》の五人のメンバー、兼盛・重之は三十六歌仙の一人に数えられている。いずれも歌人として名を成した錚々《そうそう》たる陣容の中で、末席の保胤はいかにも影が薄い。伝存する保胤の和歌はわずかに四首、そのうちの三首がこの時の作にすぎないからである。残る一首は出家時のもので、数だけを問題にすればいかにも寥々《りょうりょう》たる印象を拭いえない。師の菅原文時も招かれ、歌題を献じ、漢文の序を作っている（『本朝文粋』巻十二）。保胤は文時の子輔昭や英材らとともに、その推薦により出席の栄に浴したのであろう。

文時が献じた歌の題は「水上秋月」「岸辺秋花」「草中秋虫」の三であり、これに応じた保胤の歌は以下の三首である（歌・訳とも岩波古典文学大系『歌合集』）。

やまのはもこたみばかりはわすられて　みづのおもながらありあけのつき

（月といえば山の端ということになるのだが）今夜ばかりは山の端のことはいつか忘れてしまって、水の面に映ったままの有明の月を飽かず眺めることだ

きしちかくほりうゝるはなのいろにいでて　なみのこゝろにあきをみするか

岸近く移し植えた花がひときわ美しく咲いて、影を映す水に秋を思い知らせることか

くさむらに千よまつむしのなくこゑに　こゑふきそふるあきのよのかぜ

叢《くさむら》に鳴く鈴虫の声に秋の夜風が声を添えて吹くことだ

地下歌人の待遇

ところでこの日の客は保胤たちばかりではなかった。身分の高い上達部《かんだちめ》や四位・五位の貴人が多数招かれていて、その与えられた居所は、主宰者の左大臣頼忠と上達部は遣水正面の細殿、四位は東の対の簀子《すのこ》で五位はその末の方、六位は唐廂《からびさし》であった。これに対して保胤ら「歌詠むべき人々」は、遣水が流れ下った末の方に篝火《かがりび》が二つ設けられた庭上の、その松明《たいまつ》の東西に畳を敷いてそこが所定の席とされたのである。つまり殿舎の外の庭上、文字通り「地下《ぢげ》」の歌読みとして出席を許されたのである。暁方になり歌を作り終えると明かりを灯して講師を召し、歌の披講《ひこう》がはじまる。少し離れた対屋の簀子にいた四位・五位は細殿に近寄って聞くのだが、「歌詠むべき人々」はそれもできない。歌を詠んで献じた時点でその役割を終える。これが地下の歌人の扱われ方である（工藤重矩「「和歌を業とする者」の系譜（二）」）。

近江掾保胤の旧宅

この前栽歌合で保胤の官職が近江掾として見える。文章生外国の制により任官したこと、その時期はおおよそ保胤三十四歳の貞元元年（九七六）ころが順当と思われることは先に述べた。後年、保胤は近江国の旧宅を訪ね七言詩を作った。断片が残るだけだが、主

近江国衙址（大津市）

が去って幾春かが過ぎ、屋舎は大いに荒れて旧日の面影は失われた、北橋のたもとの柳や南寺の桜はもの寂しく在るばかりだ、と詠じている（『新撰朗詠』『和漢兼作集』）。

この旧宅は近江掾時代のものと推測されるが、それはどこに在ったのか。もし国府付近であったとすれば、近江国衙《こくが》跡は滋賀県大津市大江六丁目付近に比定されるからその辺りであろう。かっての政庁の遺構は東西七二・八メートル、南北約一〇八メートル。おそらく国司の居住する舘はその周辺に存在したであろうとされる（滋賀県教育委員会「史跡近江国衙跡発掘調査報告」『滋賀県文化財調査報告書』六、一九七七年）。瀬田川の東端の台地にあり瀬田《せた》の唐橋《からはし》より東に直線で約一・三キロほど。古くよりの交通の要衝であり都より約二〇キロ、一日の距離である。

大地震で国府庁・雑屋倒壊

天延四年（九七六）六月十八日、畿内を襲った大地震により内裏の築垣《ついがき》・天下の舎屋・京洛の築垣ことごとく崩落し、近江国の古刹崇福寺《こさつすうふくじ》では法華堂が谷底に壊れ落ち、弥勒堂上の岩石が崩れるなどし、逢坂《おうさか》の関の東方にあった関寺《せきでら》の大仏もことごとく破損した。関寺再建の際に労役に使われた一頭の牛が釈迦の化現《けげん》であると噂され、藤原道長夫妻や源経頼《つねより》らをはじめとする貴賤の信仰を集めたことはよく知られている。このとき近江国でも国分寺の大門が倒壊し、仁王像が破損、また国府庁および雑屋三十余宇が顚倒した(『扶桑略記《ふそうりゃっき》』)。保胤がすでに近江掾として赴任していたとすれば、その官舎も倒壊した可能性がある。後年の「旧宅」はその後再建されたものか、その辺の事情は不明である。この地震により改元され貞元元年となった。頼忠邸前栽歌合の前年である。

三 慶滋改姓

江州慶司馬保胤

ところで保胤は近江掾《おうみのじょう》在任時には賀茂から慶滋《よししげ》に改姓していたようだ。先に具平《ともひら》親王侍読《じとう》の項で触れた源順《みなもとのしたごう》の詩序中には、保胤を「江州慶司馬《ごうしゅうけいしば》保胤」と記していた。江州は近江国、「慶」は慶滋、司馬は地方官の第三等官「掾」の唐名である。この詩序が作られた時期は不明だが、貞元二年(九七七)の藤原頼忠《よりただ》前栽歌合の際には近江掾であったから、源順の作もこの前後の時期のものと思われる。これ以前、安和二年（九六九）三月十三日の大納言藤原在衡《ありひら》の粟田山荘における尚歯会には賀茂姓で出仕していた。保胤の慶滋改姓の時期は、年次の明らかなものとしてはこれが上限で、近江掾在任期間が下限となる。

保章の改姓

慶滋改姓の時期は保胤よりも弟保章《やすあき》の方が明確だ。保章は天延二年（九七四）十一月二十八日に少外記から大外記に転じ、翌三年正月七日に従五位下に叙される。そしてこの年慶滋姓で記されている（『外記補任《げきぶにん》』）。つとにこの点に注目した杉崎重遠氏は、おそらく保章が改姓したのは円融天皇の天延二・三年の交であったろうとした（前掲論文）。

保胤改姓の時期

保章はなぜ改姓したのか、またこれと保胤の改姓は連動するのか。

杉崎氏以後、保章と保胤の改姓を同時とする説（後藤昭雄「慶滋保胤」）、その年を天延二年暮とする説も出されたが（虎尾俊哉「慶滋保胤の改姓」）、いずれも特段の根拠は示されていない。これに対して平林盛得氏は、保胤が天禄二年（九七一）具平親王の侍読となったことを機にまず保胤の改姓があり、その後叙爵《じよしやく》した保章が天延三年（九七五）兄に続いて慶滋姓に改めた、とそれぞれの理由を添えて段階的にとらえている（平林盛得「慶滋保胤の改姓をめぐって」）。注目すべきは、保胤が具平親王の侍読になったことと、保章が叙爵を改姓の動機としている点であろう。保胤改姓の問題について直接語ってくれる史料はないから、諸家も曖昧に言葉を濁さざるをえなかった。それに対しこれはまことに明快な提案である。

改姓の理由とその主体

平林氏の意見は改姓の理由にまで踏み込んでいる。この件に関して従来の見解はどうであったかというに、動機については、賀茂氏本流が陰陽道であるのに対し、保胤・保章らは紀伝文章の世界に進んだため、本宗と姓を異にする必要が生じたためとしている。またさらに、長兄保憲《やすのり》が子光栄《みつよし》に伝えた陰陽家賀茂氏の名を特立させるために、弟の保胤・保章らの姓を改めさせたのではないか、と改姓の主体に言及したものもあったが（虎尾俊哉前掲論文）、平林説はこれにも真っ向から反対するものであった。保憲の意向により改姓したのではなく、保胤・保章にもそれぞれに動機があったとするからである。

改姓の主因として保胤に主体的な動機を想定するのは私も賛成である。ただしそれを具平親王の侍読役とするのは、平林氏が言うようにそう無理な想定ではないかもしれないが、しかし自明でもない。

暦家賀茂氏の確立

忠行《ただゆき》—保憲—光栄の父子三代が陰陽師《おんようじ》として活躍し、とくに暦道の家として形成されていく過程は、紀伝道に進んだ保胤や保章らに家系の問題を強く意識させたはずだ。いま保憲・光栄父子の昇進ぶりを摘記すれば以下のようになる。

まず保憲は、天暦四年（九五〇）に暦博士であり（『北山抄《ほくざんしょう》』四）、次いで天徳四年（九六〇）四月二十二日に天文博士に任じ（『扶桑略記』）、天延二年（九七四）十一月一日が朔旦冬至《さくたんとうじ》（太陰太陽暦で十一月一日と冬至が同日にあたることで慶事とされた）の吉日につき多くの人が叙位され、保憲も同十八日に従四位下に叙されたが、これを光栄に譲与している（『大日本史料』第一編之十五）。そして同年、光栄は権暦博士だったことが認められる（『平戸記《へいこき》』仁治元年閏十月二十二日条）。位階が譲られ暦博士が父から子へと継承されていることが知られよう。そしてその時期として天延二年が浮上してくる事実は、保章の慶滋改姓の時期と重なる点で看過できない。

改姓の要因

保胤にとって父は別としても兄保憲とは二十六歳も離れており、その子光栄は甥でありながら保胤よりも四歳年長である。こうした家族関係は保章にも当てはまる。保憲以後の陰陽師・暦道の立場が先に生れているわが子光栄に継承されるのは自然であり、後に生れ異母弟かとも推察される保胤や保章への継承の可能性は相対的に少なかったであろう。こうしてみると保胤と保章の賀茂氏における位置には微妙なものがある。あるいは最初から傍流視されていたのではないか。二人が紀伝文章の世界に進んだのも、そのおのずからなる選択であったのであろう。やがて長ずるに及び、保憲・光栄父子による暦家賀茂氏の形成が顕著になる中で、保胤らの改姓も浮上してきたのではないか。改姓の根本的要因はここにあると見たい。

そして賀を慶に、茂を滋に。内に賀茂氏内での微妙な立場を秘め、外に賀茂を内意として含む慶滋姓を称したところに、言葉を操ることを生業とする兄弟のセンスや洒落気を見ることもできようが、一方、家族をめぐるなかなか複雑な事情も垣間見られよう。

保章の改姓の時期と契機

改姓が二人同時であったか否かは決め手に欠けるが、天延二年（九七四）は注目すべき年だ。この年十一月二十八日、保章は少外記から大外記に昇任し、翌年正月には従五位下に叙されていて、姓も慶滋に改めている。そのことを記す『外記補任』は後代の編纂だから、もし天延二年の改姓ならその年のこととして記すはずで、天延三年の項に慶滋とあるからにはその年に改姓したと解すべきである。平林氏の言うように、保章はおそらく叙爵を改姓の直接の契機としたのであろう。

保胤改姓の契機と時期

それでは保胤の改姓はいつか、またその直接の契機はどこにあったか。私はその契機として近江掾任官に注目したい。この時期の保胤の脳裏に、これまでの自身の賀茂氏内における立場や暦家賀茂氏の確立の事実と、そして近江掾任官後四年、秩満後の対策《たいさく》及第からしかるべき内官への就任の構想が現実味をもって描かれたとすれば、それが慶滋改姓の契機になる可能性は低くはない。事実、保胤が対策に及第したことは、かれが侍読として仕えた具平親王が「君已に儒士と為り、冊に対《こた》へて龍門《りようもん》に上る（君はすでに試をうけて儒士となり、対冊〈策〉に及第して龍門をこえた）」と詠んで証している（「心公に贈る古調詩」）。かくして保章と同時期かどうかは不明だが、天延三年から貞元元年にかけてが保胤の慶滋改姓の時期であった可能性は大いに増す。改姓の手続きとして本族（賀茂氏）の了承を得て申請する必要があったから、おそらくそうしたに違いない。

第五　内記保胤

一　公私の文筆活動

激動の四十歳台

天元《てんげん》五年（九八二、四十歳）から寛和《かんな》二年（九八六、四十四歳）の出家までは、保胤がもっとも輝いた時期であり、また激動の時期でもあった。一人の詩文家として、あるいは内記《ないき》として、かれの文筆活動がもっとも華やかに展開した。これらを産み出した拠点が池亭《ちてい》である。しかし花山《かざん》朝政の一角を担うことにより、公務上のトラブルを体験し、その脆弱《ぜいじゃく》さを目の当たりにもした。一方、浄土教への関心がいっそう強まり、それが内面的に深化した時期でもあった。そして突然の出家。保胤の生涯を語るに際し不可欠の要素が、この数年の間に凝縮されてある。その行跡をこの章ではたどっていく。

保胤、六位内記に任ず

近江掾《おうみのじょう》の任期を終えた後、「池亭記」を著述する天元五年十月以前、保胤は内記として得意の時期を迎える。先に推測したように、近江掾任官が貞元《じょうげん》元年（九七六）かその前年の天延《てんえん》三年だとすれば、天元二年か三年には秩満《ちつまん》となるからそれ以後、天元三年あるいは四年に内記に任じられたのであろう。天元五年十月に著述した「池亭記」には六位内記であることを自書している。内記は中務省《なかつかさしょう》に属し、その職掌は詔勅《しょうちょく》・宣命《せんみょう》を作り位記《いき》（位階の授与を証する公文書）を作成することを主要任務とする。

五位に昇進後も内記にとどまる

　内記の相当位は六位である。保胤の場合も当初は正六位上であったが、その後従五位下に昇進しても内記の官を去らなかった。このことは大江匡房《おおえのまさふさ》『続本朝往生伝』保胤伝に「青衫《せいさん》の時に早《つと》に任ぜられて著作を拝し、緋袍《ひほう》の後も、その官を改めず」と記され、鎌倉時代初期の『官職秘抄』（下）にも、六位の内記が五位に昇叙されてもなお内記のまま留まった例として、「保胤これなり」と特記されている。青と緋はそれぞれ「衣服令《りょう》」に規定する六位の服の色（深き緑）と五位の服の色（浅き緋《あけ》）をいう。著作は内記のことである。位階に応じた他官よりも、内記の職務を本懐と思ったのであろう。

内記時代の文筆活動の概略

　内記時代の活動の跡の大部分は、かれ自身の手に成る文書によって知られる。逆に第三者により記録されたもの、たとえば貴族の日記や動産・不動産の売券《ばいけん》といった古文書などに顔を出すことはほとんどなく、さすがに文筆で名を馳せた人との印象が一段と強い。十点を越える著述は公的立場の作と私的立場のそれとに分けられるが、それを時系列にそって並べてみると、概して前半は私的著述、後半は公務つまり内記としての著述が多い。

源《みなもとの》　順《したごう》能登守《のとのかみ》赴任に際しての餞別の詩序（天元三年）、奝然《ちょうねん》入宋《にっそう》に際してのその母の逆修願文《ぎゃくしゅがんもん》と餞別の詩序と詩（天元五年）、「池亭記」（天元五年）、石清水検校《いわしみずけんぎょう》某の四十九日の諷誦文《ふじゅもん》（永観《えいかん》元年）、六波羅蜜寺供花会《ろくはらみつじくげえ》での詩序（寛和元年）、尊子《そんし》内親王および藤原為光《ためみつ》の娘の忯子《きし》四十九日のための願文（寛和元年）などは私的著述であり、「十六相讃」『日本往生極楽記』の起筆もこの時期である。一方、内記としての述作は、二度の改元詔（永観元年、寛和元年）、花山天皇外祖母恵子《けいし》女王に封戸《ふこ》年官年爵を充てる勅（永観二年）、封事《ふうじ》を奉らせる詔（同年）などがある。後半に公的述作が多いのは、花山朝政下での内記としての活動によるものである。

源順、任官の奏状を呈す

天元三年（九八〇）正月二十三日、天禄三年（九七二）以降九年間も無官だった散位《さんい》源順は、伊賀・伊勢等の国守の闕《けつ》に補任《ぶにん》されたいと奏状を奉り、「年老いて家貧しく、歎き深くして愁い切なり」とその不遇沈淪《ちんりん》を訴えた（『本朝文粋』巻六）。和漢双方に優れた才能と関心を有し、本邦初の分類体の漢和辞書『倭名類聚抄《わみょうるいじゅうしょう》』を編纂し、梨壺《なしつぼ》の五人の一人として『万葉集』の訓読と『後撰集《ごせんしゅう》』の撰進にあずかった順にしては、相応の評価らるべし」と讃えられる。

保胤、餞別の詩序を作る

と待遇とも思われない。時に順七十歳。本来なら悠々自適がふさわしい老齢であるだけにひとしお哀切感が漂う。籠の鳥が雲を恋い轍魚《てつぎょ》（車の轍《わだち》に苦しむ魚）が水を求めて喘《あえ》ぐがごとき、ぎりぎりの境地に追い詰められた順の「血涙の申文《もうしぶみ》」との先学の評も、必ずしも大げさではない（大曾根章介「源順」）。しかし幸いにも悲願は天聴に達し能登守に任じられる。

その年三月、右衛門佐《うえもんのすけ》藤原誠信《さねのぶ》亭においてこの老大家ために餞別の詩宴が催された。誠信は九条師輔《もろすけ》の孫、時の大納言為光《ためみつ》の子で十八歳。順の弟子源為憲《ためのり》が幼少の誠信のために『口遊《くちずさみ》』を作ったことはよく知られている。この餞別の宴で保胤は詩序を作った。惜別の詩宴は詩人がその才を発揮する絶好の機会である。その序の作者になったこと自体が保胤の力量を示していようが、果たしてその全文は『本朝文粋』（巻九）に収められ、序中の「三百盃《さんびゃくはい》といへども強《あなが》ちに辞《じ》すること莫《な》かれ、辺土《へんど》は是《こ》れ酔郷《すいきょう》にあらず。此《こ》の一両句《いちりょうく》は重ねて詠《えい》ずべし。北陸は豈《あ》に亦《ま》た詩の国ならんや」は、秀句として『和漢朗詠集』（巻下、刺史）に採られている。三百盃は後漢の鄭玄《じょうげん》が餞別の三百杯の酒にも崩れなかった故事を踏まえたもので、酒杯を重ね、この席で詠った詩句を幾たびも繰り返し吟じてほしい、と大先輩への惜別の情を吐露したのである。

順は老躯《ろうく》に鞭打って任地に旅立った。しかし三年後の永観元年（九八三）、任期中に没し最晩年を全うすることはできなかった。

師文時の死

源順の能登国（石川県）赴任に餞別の詩を作った翌天元四年（九八一）九月八日、師の菅原文時が死去した。昌泰《しょうたい》元年（八九八）の生まれで八十四歳の生涯であった。文時には祖父道真における『菅家伝《かんけでん》』のようにまとまった伝記のたぐいはなく、おのれの境遇を憂えた「老閑行」も自伝というにはもの足りない。従三位《じゅさんい》に叙され非参議《ひさんぎ》として初めて『公卿補任』に登場するのは天元四年、つまりかれの人生最後の年であるが、そこにも履歴といえるほどの記載はほとんどない。順とは異なるが、文時もまた最晩年にどこか寂しさを感じさせる。

保胤の亡師旧亭の詩

保胤は文時弟子中の筆頭だったとも伝えられるが、師のために作ったと思われる詩文は目にしない。わずかに文時没後、「菅師匠《かんししょう》の旧亭において、一葉《いちよう》庭に落つといふことを賦《ふ》す」の題で作った詩の一部が残っているのみである。

鶏《にわとり》の漸《よう》く散ずる間《あいだ》に秋色少し　鯉《り》が常に趨る処《わし》に晩声微《かす》かなり

主人が亡くなり、その飼っていた鶏がしだいにいなくなったこの庭は、秋の気配もまだ深くはなく、門弟がいつも師に教えを受けていたこの庭に、夕暮、木の葉の落ちる音がかすかに聞こえる（本文・釈文共に新日本古典文学大系『江談抄』第四―三五）。

奝然の母のための修善の願文を作る

天元五年（九八二）七月十三日、東大寺の僧奝然《ちようねん》（九三八～一〇一六）が母のために五日十講の逆修《ぎやくしゆ》を平安京北郊の常住寺《じようじゆうじ》で行い、保胤は依頼されてこの法事の願文を作った。奝然は後に東大寺別当に任じた僧で、清凉寺《せいりようじ》蔵の優塡王《うでんおう》第二模刻釈迦像や大蔵経《だいぞうきよう》五千余巻を請来《しようらい》したことで知られている。この時かれは入宋《につそう》しようとしていて、生きて老母と再会する保証はないと思い、母のために仏事を修したのである。逆修とは預修ともいい、生前に行う没後の菩提のための仏事のことで、死後に行うより功徳が何倍も大きいとされた。常住寺は野寺《のでら》とも呼ばれ、秦《はた》氏の創建で飛鳥時代に遡る。現在の京都市北区北野天満宮付近にあった。奝然は秦氏の出身であるから、その由縁により同寺で行ったのであろう。入宋の意思と母との別れの板挟みに煩悶する奝然の心情を代弁して、保胤は以下のように願文を作った（『本朝文粋』巻十三）。

渡宋の意図

願文は渡宋の意図について述べることから始まる。それはまず文殊信仰で知られる五《ご》台山《だいさん》に参詣し、次いでインドに渡り釈迦の遺跡を巡礼しようということにあるが、渡海の意思は十年前の天禄《てんろく》年間（九七〇～九七三）からあったとする。この点については天禄三年、同志の僧義蔵《ぎぞう》と同心合力して愛宕山に一伽藍《がらん》を建立し、釈迦の遺法を興隆しようと誓約した記録があり、帰朝後これが清凉寺として実現している。渡宋は十年間温め続けた現実的な動機に基づいていたのである。

求法ではなく修行のため

しかるに人は、これまでの入唐求法者《にっとうぐほう》には真言宗の弘法大師《こうぼうだいし》（空海）や天台宗の伝教大師《でんぎょうだいし》（最澄）がいるが、いずれも権化《ごんげ》（仏菩薩がこの世の衆生を救うため様々な姿をとって現われること）の人、希代の器というべき高僧であり、その後に続いた人々も才名・修学ともに抜群というべく、奝然ごときのよく為《な》しうるところではない。わが朝に人なきを表すようなもの、と誹謗するだろう。それに対してはこう言おう。われは無才無行の一羊僧《ようそう》（修行未熟な僧）にすぎない。だから求法のためではなく、修行のために来たのである。こう言えば本朝の恥になることはあるまい。

慈母への真実の報恩

私には齢六十の母がいる。この母をなげうって宋に渡れば孝行に背くことになるが、かといって行かなければ宿懐を果たすことはできない。はじめは独り思い悩んでいたが、ついに進退きわまって母に相談したところ、母は怨むどころかかえって入宋を強く勧めてくれた。聞いて一たびは歓び一たびは泣いたが、母はこの世ばかりの母ではなく仏縁により結ばれた母と思い直し、兄弟と相議して、老後のことは兄弟に任せ、後生の菩提を祈ることを私の勤めとして入宋を決意した。この世の恩に報いることを捨てても、仏道に入るのが真実の報恩になると考えたからである。かくて五日十講の法会《ほうえ》を執り行うことにした。母が長寿を保ち私もまた無事帰国して再会できるか、この国かの国と二人別々に命を終えるかはわからない。ただ運命の自然に任すのみ。願わくば如来永く魔事《まじ》を払いたまえ。かならず仏恩に報いたてまつるべきなり。敬白。天元五年七月十三日、仏子《ぶっし》奝然。

以上が願文の概略である。

東寺よりの青竜寺宛て牒状

この後ほぼひと月、八月十五日の日付で東寺から中国長安の青竜寺《せいりゅうじ》宛てに、五台山参詣の便宜を依頼する牒状《ちょうじょう》が作成されている。青竜寺は数多くの密教の僧侶が輩出した名刹《めいさつ》である。延暦二十三年（八〇四）留学生《るがくしょう》として訪れた空海が恵果阿闍梨《けいかあじゃり》に金剛界《こんごうかい》・胎《たい》蔵界《ぞうかい》の両部《りょうぶ》灌頂《かんじょう》を受け、その後も円仁や円珍らが修学のため訪れている。奝然は東大寺の僧ではあるが、密教を醍醐《だいご》寺延命院の元杲《げんごう》に学んでいる。その関係で東寺が牒状を発したのだろう。

保胤集

実はこの牒も保胤が作成したとの記録がある。牒文を載せる『朝野群載』（巻二十、異国）には作者につき何らの記載もないが、大通寺所蔵残闕《ざんけつ》『醍醐雑事記《だいごぞうじき》』は保胤作と注記があり（『大日本史料』天元五年十一月十七日第二条）、また東寺金剛蔵『杲宝雑々見聞集《ごうほうざつざっけんぶんしゅう》』巻二には、牒状奥書《おくがき》に杲宝が康永《こうえい》四年（一三四五）七月十三日、勧修寺《かじゅうじ》慈尊院において『保胤《やすたね》集《しゅう》』の中より書出したものである旨記している（西岡虎之助「奝然の入宋に就いて」）。『保胤集』は保胤自選の集で失われて伝わらないが、『本朝文粋』などに採られた作の多くはこの集に収められていたのであろう。そして『杲宝雑々見聞集』の記述を信じるなら、ここにもう一つ保胤の作を追加することができることになり、また『保胤集』が康永四年までは伝存していたことも判明するのである。国史大系本『朝野群載』は必ずしも善本とは言いがたく、写本間の比較や系統の検討も試みられている（高田義人「『朝野群載』写本系統についての試論」）。この牒文も『杲宝雑々見聞集』所引の方が理解しやすく、差出の東寺も『朝野群載』では東大寺となっているが、おそらくは東寺の誤りであろう（西岡前掲論文）。保胤作との所伝をとりたい。

奝然餞別の詩序と詩

この年十一月十七日、奝然を送る餞別の詩宴が催された。保胤はその序と詩も作っている。いずれにも日本を出て遥かに異域に赴く友人を思い遣《や》る衷情《ちゅうじょう》に溢れているが、詩には序にはない、今生に相まみえることは期しがたいが後生には共に西方往生を契らん、と浄土信仰を共有する文言が見える（西岡前掲論文）。

保胤と奝然の関係

ところが奝然入宋に関わる法事・牒状・詩宴の詩序と詩など、これほど保胤が関わっているにもかかわらず、他に二人の信仰上の交流を証する記録を目にすることはできない。奝然の帰国後についてもそうだ。奝然が帰国し入京するのは寛和三年（九八七、四月五日改元永延）正月二十日、もたらされた一切経や白檀《びゃくだん》釈迦像が雅楽寮《うたりょう》の高麗楽《こまがく》に先導され蓮台寺《れんだいじ》に搬入されたのは二月十一日である。この日、沿道には結縁《けちえん》を求めて人々が群集し、その後も「唐仏」を拝観しようと蓮台寺に参詣する貴族たちが後を絶たなかった（『小右記』永延元年正月二十一日条、二月十一日条）。

しかし保胤はすでに出家していて（寛和二年四月二十二日）、俗世間とは距離を置く立場にあった。この大パレードの渦中に身を置いていた形跡は確認できない。

石清水検校四十九日のための諷誦文

永観元年（九八三）七月二十八日、石清水検校《いわしみずけんぎょう》（石清水八幡宮寺の役職の一）の四十九日のための諷誦《ふじゅ》を修する願文（諷誦文《ふじゅもん》）を作った（『本朝文粋』巻十四）。諷誦文とは、追善供養や堂塔供養のために仏・法・僧三宝や衆僧に捧げる布施物や布施の趣旨などを書いた文である（後藤昭雄『本朝文粋抄』第一章）。

冒頭は「敬《うやま》ひて白《もう》す　諷誦《ふじゅ》を請《う》けん事　三宝衆僧《さんぼうしゅうそう》の御布施《おんふせ》」の定型句で始まる。布施を受けていただきたいと要請する意である。この後に布施の内容を記すべきであろうが、この願文にそれはない。次いで、石清水検校とは数十年来の故旧であり、恩は父のごとく徳は師のごとくであった。しかるに検校は天寿を全うすることなく忽然《こつぜん》と逝《い》った。今、四十九日に当たり受けた恩の万分の一でも報いたい。二人とも現世の報酬は望むところではなく、後世《ごせ》で成仏することこそもっとも欲するところだ、と記す。結びは「敬白　年月日　弟子慶保胤」で終える。

　この諷誦文は公務ではない。また他人の依頼によるものでもない。保胤は、旧知の恩人石清水検校四十九日の追善のための布施の施主であり、諷誦文の作者でもある。文字面からすれば相当に濃密な関係を思わせる。だが管見の限り、この人物について言及した研究を目にしない。

石清水検校

　石清水検校とはだれであろう。「石清水祠官《しかん》系図」（『石清水八幡宮史』首巻）によれば、第四検校定杲《じょうごう》は永観元年（九八三）六月九日に入滅している（田中系図）。この前後について見るに、第三検校貞延《じょうえん》は天暦五年（九五一）十二月九日、第五検校光誉《こうよ》は長徳《ちょうとく》元年（九九五）三月九日に入滅とある（幡朗・会俗・元命等系図）。保胤がその四十九日の願文を書くに第三検校では保胤九歳で早過ぎ、第五検校光誉では保胤出家後で遅すぎる。願文の最後に「弟子慶保胤」とあるから出家前である。しかも定杲入滅の永観元年前後には、「奝然入宋のとき母のための修善の願文」・「池亭記」（いずれも前年の天元五年）、改元の詔ほか詔勅の作成（永観元年〜二年）、『日本往生極楽記』・「尊子内親王四十九日のための願文」・「藤原為光女忯子《きし》の四十九日のための願文」（寛和元年）などを作っている。文筆活動が集中的になされているこの時期に、検校定杲の四十九日諷誦文を書いたとするのが穏当だろう。数えればその四十九日は七月二十八日となる。

定杲は石清水八幡宮神主紀良真《きのよしざね》の子とされ、天慶五年（九四二）権都維那《ごんのついな》、天暦二年（九四八）権上座《ごんのじようざ》、応和二年（九六二）修理別当《すりべつとう》、翌三年権別当などを経て安和元年（九六八）検校に任じ、天元二年（九七九）法橋《ほつきよう》（僧侶の位階の一。法印・法眼に次ぐ）に叙されている。

短い願文の中に記された数十年来の故旧、父のごとき恩、師のごとき徳、後世の契りといった表現は両者の浅からぬ関係を示している。しかし遺憾ながら、この願文以外に定杲と保胤の接点は見当たらない。諸家はこの願文にすら触れない。保胤伝の充実を願い、あえて定杲の名を挙げ後考を俟《ま》ちたい。

二　池亭の家主保胤

池亭の住所

天元五年（九八二）十月、保胤は有名な「池亭記」（『本朝文粋』巻十二）を書いた。その少し前六条以北の荒地を卜《ぼく》して家地と定め、居屋をはじめ池・小山・書庫・阿弥陀堂などを備えた住居を造ったのである。その場所を保胤は六条以北としか記していないが、中世の記録には六条坊門南、町尻東隅とある（『拾芥抄』巻中第二十）。六条坊門小路（現在の五条通）の南側、町尻小路の東側で、さらに言えば室町小路を東限とする一角である。町尻小路の東隅とあるから東北部の一角とすべきだろう。平安京の宅地の地割では左京六条三坊六町の東北部で、さらにその広さは六町の四分の一とされる（『京都市埋蔵文化財研究所発掘調査報告』二〇〇五―八）。現在の下京区上柳町（楊梅通）付近にあたる。

六条付近の邸宅

同じ六条三坊の二町には具平《ともひら》親王の有名な千種殿《ちぐさどの》が、その東隣（池亭の北）の七町にも千種殿の別殿があった。七町は池亭のある六町の真北に位置する。二町には十一世紀後半に大江匡房《おおえのまさふさ》の邸宅が造営され、ここに大江家の書籍を収める江家文庫《ごうけぶんこ》があったが、仁平《にんぴょう》三年（一一五三）四月十五日の火災で焼亡した（『兵範記』）。眼を東方に転じると、光孝天皇

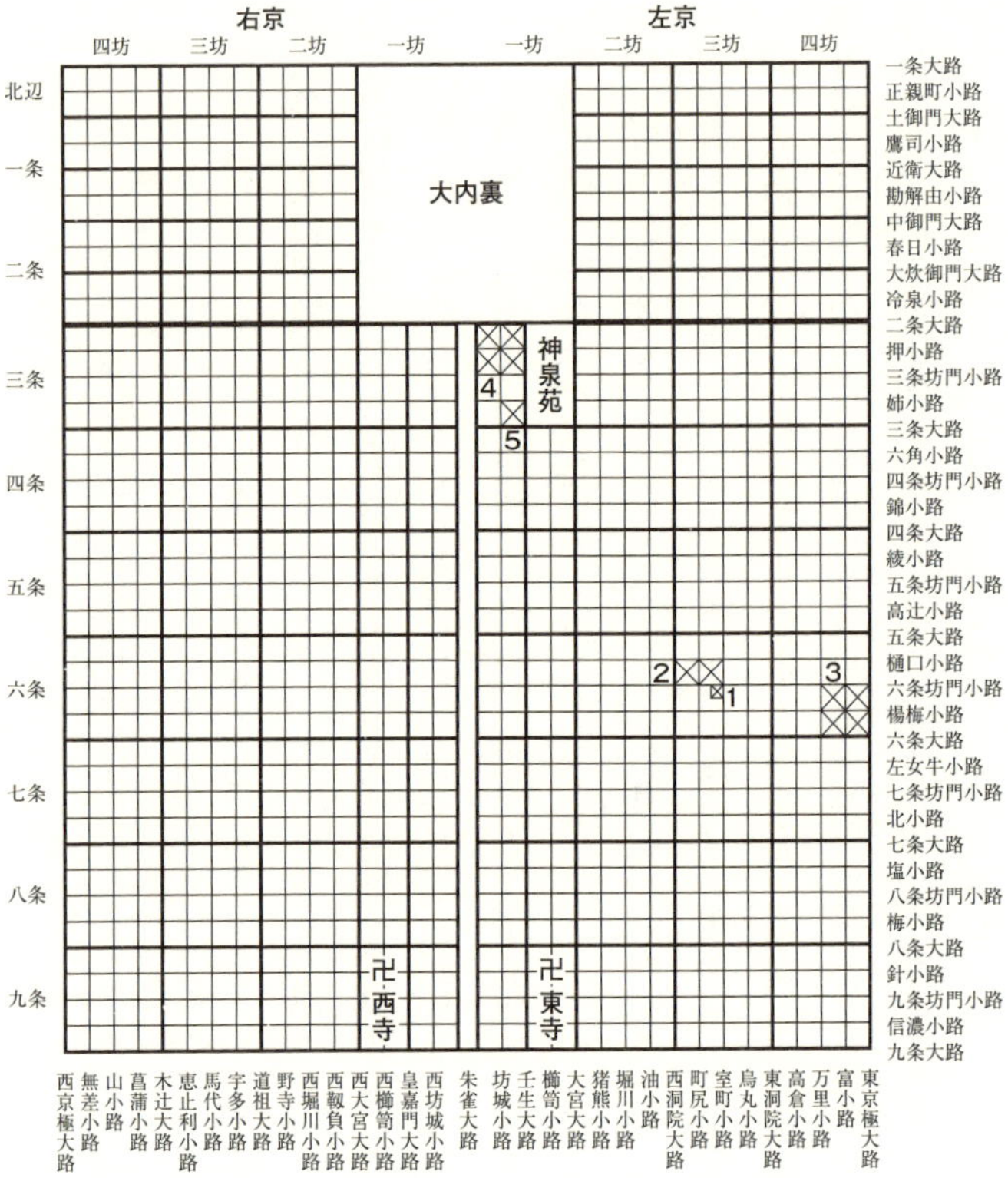

1．池亭
2．千種殿
3．河原院
4．大学寮
5．勧学院

平安京図と池亭の位置

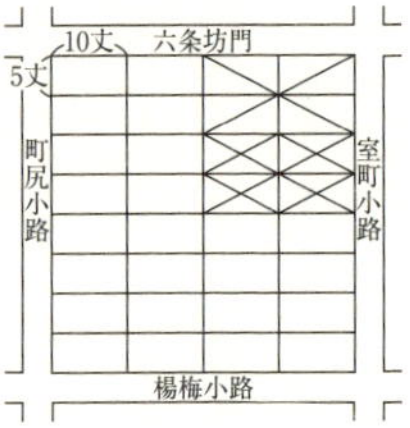

池亭の住所（左京六条三坊六町）

御所で淳子《じゅんし》内親王に付嘱された六条院（釣殿院）があり、さらにその東には四町を占める嵯峨天皇皇子　源《みなもとの》　融《とおる》（八二二～八九五）の河原院《かわらのいん》があった。融は陸奥の塩釜《しおがま》の浦（宮城県の松島）を象《かたど》った池を造り、毎月難波から海水を運ばせて池にたたえ、藻塩《もしお》を焼く風流を演出したという。融没後はその子により宇多法皇に献じられたが、その後も多くの詩や歌に称賛された。こうしてみると、保胤は六条以北の荒地などと言うが、平安文化史上に名だたる別邸や名園が営まれた一等地に隣接していたといえる。

住宅面積の標準

池亭の住所とも関わるがその面積についても考えておこう。「池亭記」には十有余畝《ぼう》とあるが、「池亭記」は白楽天の「池《ち》上《じょう》篇《へん》 幷《ならびに》 序《じょ》」（『白氏文集』巻六十）を範としているから、そこに十七畝とあるのにならったまでであろう。そこで先の「左京六条三坊六町」について見てみると、左京は朱雀大路より東、六条は五条大路と六条大路に挟まれた東西の地、この六条を四分して西から順に一坊～四坊としたが、三坊は西洞院大路より東、東洞院大路より西の位置にあった。三坊は十六分割されその六番目が六町である。町はさらにこれを三十二に分割してその一単位を一戸主《へぬし》といい、これが宅地割の最小単位であった。東西十丈南北五丈の広さである。ほぼ四五〇平方《メートル》超か、これだけでも宅地面積として申し分ないが、「東隅」を六町東北部の四分の一と解釈すれば、池亭の面積は八戸主分ということになる。『日本紀略』長元《ちょうげん》三年（一〇三〇）四月二十三日条には「諸国の国吏の居処は四分の一宅を過ぐべからず」とある。これは国司が財力に任せて広大な邸宅を構えることを制したもので、八戸主程度がこの程度の官人の上限と考えられていたのであろう。

池亭の面積は八戸主か四戸主か

ところで藤原氏家《うじいえ》なる人物が左京四条三坊九町にある四戸主の地を亡父から伝領したが、承暦《じょうりゃく》年間（一〇七七〜八一）の三条烏丸《さんじょうからすま》焼亡の際に舎屋とともに土地の証書も焼失したので、その再発行を願い出ている。角田文衞氏はこの氏家の父を正四位下式部権大輔家《いえ》経《つね》と推定している（角田文衞「文章博士家経の邸宅」）。家経は文章博士に任じていて保胤に身分が近い人物であり、その経済力と宅地面積の点で興味深い。また十世紀初期、ある下級官人が七条あたりの四戸主の土地と建物を売買した記録があるが、平安時代初期の古文書に見える土地売買の券文には四戸主とか一戸主あるいはそれ以下が多いとの指摘もある（朧谷寿「平安中・後期の平安京の沿革」）。

八戸主か四戸主か、池亭の面積としていずれがふさわしいかは判断に迷う。ほかに角田文衞氏は一〇戸主で約一三二〇坪と想定しているが、一〇戸主の根拠は不明である（角田文衞「慶滋保胤の池亭」）。

土地の価格

また下世話な話だが地価も気になる。一戸主あたりの売買価格を米に換算して平均一六〇石とする試算もある（村井康彦『平安貴族の世界』）。最近の経済事情からすれば、遠く隔たった時代の比較に米価が最適である保証はないが、かりに一〇キロの米価を五千円として一石（一五〇キロ）七万五千円、一六〇石で一二〇〇万円、八戸主で九六〇〇万円となる。もちろん地価だけで上物は別である。もっとも角田氏が推察するように、保胤が侍読《じとう》として仕え親交厚かった具平親王から貰い受けた、あるいは資金援助を受けた土地だとすれば、こうした議論もあまり意味をなさないのかもしれない。

東隅四分の一をとるか、売買の実勢をとるか、親王との関係をとるか、いずれにせよ保胤にとって、亭主として自足の記を残すに足る住居であったことは後で述べる。

池亭記の先蹤と構成

文豪の言葉を借用すれば、「文海の蜃楼《しんろう》、もとより虚実を問うべきではないが」（『連環記』）、薫り高い文学に対し無粋な推量を繰り返してきた。ここらで「池亭記」そのものに触れるべきだろう。

「池亭記」には先蹤《せんしょう》がある。わが国には天徳三年（九五九）の兼明《かねあきら》親王（前中書王《さきのちゅうしょおう》）「池亭記」があり、中国には白楽天「池上篇幷序」があった。保胤がこれらを意識し、時に典拠として一文をものしたことは明らかである。以下、池亭の主が何を言わんとしたのか、時に原文を引き、時に要約しながら少し詳しく跡付けてみたい。

「池亭記」は大きく三の段落に分かれる。一は平安京の東西二京および東河（鴨川）べり・北野の荒廃や繁昌などの様子を述べた部分、二は池亭の建物・池・小山・園地などの構造や仏像・書籍・小船などの設備や備品を説明した部分、三は池亭の主保胤の処世論や住居論を述べた部分である。

西京の荒廃

冒頭は、自分はこの二十年ほど東西の二京を見てきたが、西京（右京）には住む人が少なくほとんど廃墟にちかいと書き出し、それを象徴することとしてある大邸宅の焼亡を引き合いに出す。名は伏せてあるが当時の人ならだれしもそれとわかる。左大臣源高明《たかあきら》（九一四〜八二）が事に遭って大宰権帥《だざいのごんのそつ》に左遷された安和二年（九六九）の事件（安和の変）の後、間もなく住んでいた邸宅は焼亡し門客も散り散りに去ってしまう。その様子を次のように記す（訓読は新日本古典文学大系『本朝文粋』により傍訓は適宜取捨）。

往年一つの東閣《とうかく》有り。華堂朱戸《かどうしゅこ》、竹樹泉石《ちくじゅせんせき》、誠にこれ象外《しょうがい》の勝地《しょうち》なり。主人事《こと》有りて左転《さてん》せられ、屋舎《おくしゃ》火有りて自《おの》づから焼けぬ。その門客《もんかく》の近地に居る者数十家、相率《あいひき》ゐて去りぬ。その後主人帰るといへども、重ねて修《つくろ》はず。子孫多しといへども、永く住まはず。荊棘《けいきょく》門を鎖《とざ》し、狐狸《こり》穴に安《やす》んず。それかくの如きは、天の西京を亡ぼすなり、人の罪に非ざること明らかなり。

高明は醍醐天皇の皇子で源姓を賜わり臣籍に降下、康保三年（九六六）右大臣、翌年左大臣に昇った。安和二年（九六九）廃太子の陰謀に加担しているとの嫌疑をかけられ左遷、天禄三年（九七二）四月に召還されたが焼失した邸宅は再建されることなく、やがて荊《いばら》が門を閉ざし、狐狸の棲《す》みかになってしまった。これは人の罪ではない、天が西京を亡ぼしたのだ。

東京四条以北の繁昌

これに対して東京（左京）の四条以北とりわけ北西と北東方向は、貴賤上下を問わず群集し大小の家が軒《のき》を並べ甍《いらか》を列ねている。しかしそのためにひとたび火災に見舞われれば一帯への延焼を免れない。富者がかならずしも徳人というわけではない。貧者は家の修理もままならず、富者盛家の傍らにあれば富勢に恐れて心穏やかにすごすことができない。小屋は豪邸の増築に併呑《へいどん》され、やがては一家離散の憂《う》き目に遭《あ》うこともある。鴨川のほとりに住めば洪水の難の危険があり、逆に北西部の北野は渇水のおそれがある。両京のどこにも安住の空地はないのか。なんと人の心の頑迷なことよ。

東河・北野への移住と弊害

人が集住するばかりでなく、鴨川べりには田畠を作るものが多い。規則では藤原氏子女の収容施設である崇親院《すうしんいん》を除いては、堤防より西に田を耕作することは禁じられている。しかるにそれが守られないからしばしば洪水に見舞われる。そもそも四郊《しこう》（東西南北の郊外）は、天子が春夏秋冬の季節を迎える大切な儀式が行われる場である。庶民の遊楽の点からしても夏の納涼、秋の遊猟などの場であり、それらが失われようとしているのに役人がこれを禁止しないのはいかがなものか。かくて人は京外には争い住み、京内は次第に衰退している。これは天のなせるわざか、それとも人が狂ってしまったためか。

「池亭記」は京内外の住環境の不全をいう。ところがそんな京の左京六条三坊六町の東北部に池亭を設けた。それまでは上東門の人家に寄住していたという。ここからが第二段落である。

池亭所有の不思議

予本《われもと》より居処《きよしよ》なく、上東門《じようとうもん》の人家に寄居《ききよ》す。常に損益を思ひ、永住を要《もと》めず。縦《たと》ひ求むとも得《う》べからず。その価値二三畝《ぼう》千万銭ならんか。予六条以北に初めて荒地をトし、四つの垣を築《つ》きて一つの門を開く。

上東門は大内裏《だいだいり》の東面する四門（上東門・陽明《ようめい》門・待賢《たいけん》門・郁芳《いくほう》門）の最北に位置する門で、そこを出ると諸司厨町《しよしくりやまち》（諸役所の宿所）があり下級官人たちの集住する所であった。内《うち》御書所《ごしよどころ》や大学寮に通うにも決して不便ではない。それに損得を思って永住のための住居を求めなかった。もし求めようとしても地価が高過ぎとても入手することは叶わない、とも言う。それがいかなる事情の変化か、池亭を所有することになった。保胤はそれについて直接には答えず、まず池亭の構造から説明する。

池亭の構造

十有余畝の土地の高い所は小山とし、窪地《くぼち》には小さな池を穿《うが》った。池を中心にその西には小堂を造り阿弥陀像を安置し、東には小閤を開いて書籍を収納し、北には低屋を建てて妻子の住まいとした。それらの面積の比率をいえば、屋舎は十分の四、池水は九分の三、菜園は八分の二、芹田《せりた》は七分の一。このほかに緑松の島、白沙の汀《みぎわ》、紅鯉白鷺《こうりはくろ》、小橋小船など平生好む所のものはすべてこの中にある。春は東岸の柳がけむったようにしなやかに垂れ、夏は北戸の竹にさわやかな風が吹き抜ける、秋は西窓から射し込む月光に書を披き、冬は南の軒の陽光に背を暖める。

池上篇幷序

この部分は白楽天「池上篇幷序」（『白氏文集』巻六十）の「屋室三之一、水五之一、竹九之一、……。水一池あり、竹千竿《かん》あり。……堂あり亭あり、橋あり船あり。書あり酒あり、歌あり弦あり。……皆吾好む所、尽《ことごと》く吾が前に在り」にならったものであり、もとより数字の信頼性は保証の限りではない。それでもある程度池亭の景観は想像可能である。面積の規則的な逓減《ていげん》比率も、文飾にせよ、リズミカルで楽しい。さらに先学による池亭の想定復元図は、想像に確かさを与えてくれるようにも思われる。

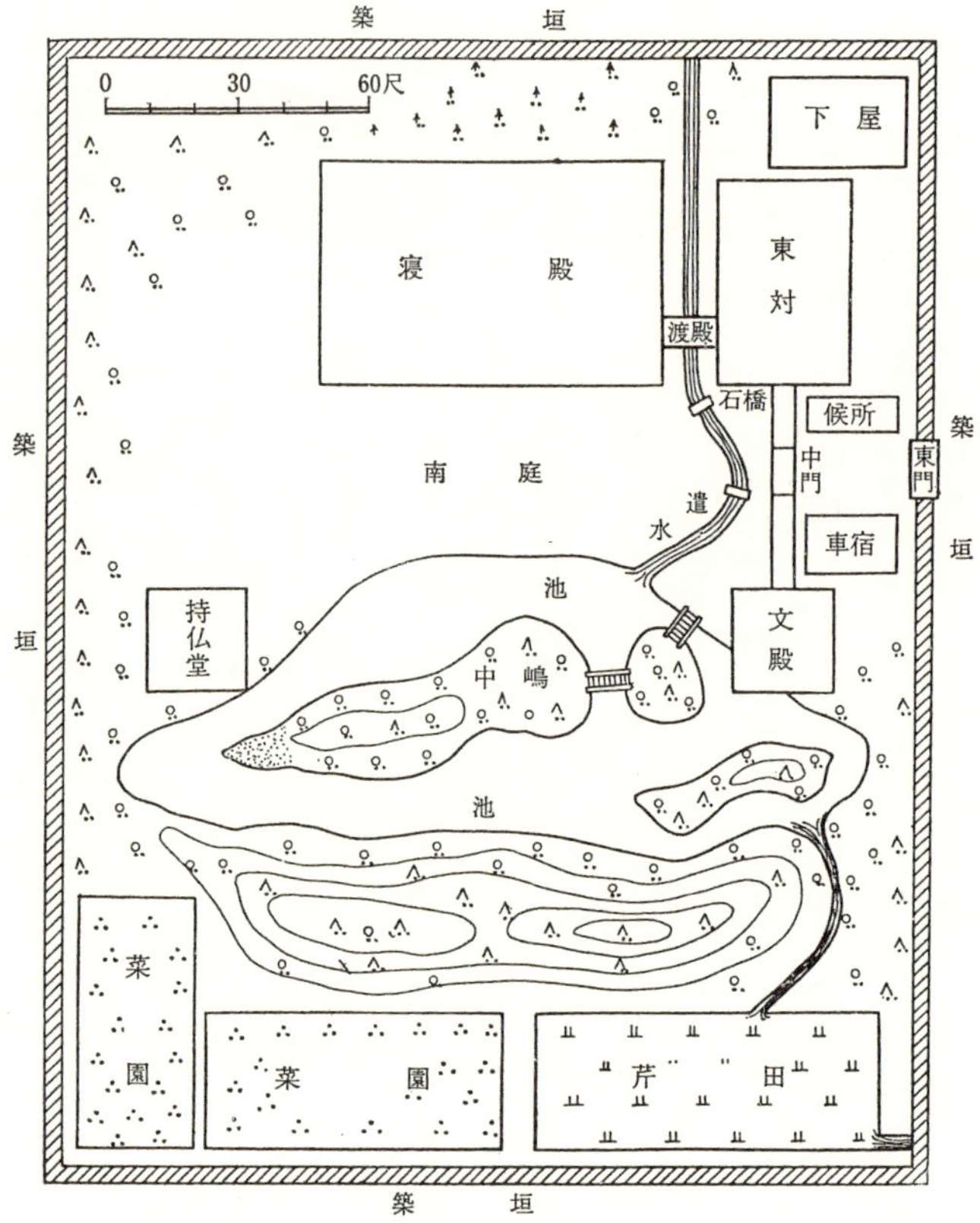

池亭想定復元図
（角田文衞『王朝の映像』東京堂出版，1970年より転載）

池亭の構成物にこだわりなし

しかし「池亭記」の池・島・松島・白沙汀・東岸柳・北戸竹などは、ただ列挙されるだけでそれらの説明はほとんどない。まことに恬淡《てんたん》としていて、保胤が池亭を構成する設備や物の一つ一つに強い関心を寄せていたとは思われない。これに対して白楽天は、杭州刺史《しし》や蘇州刺史の任果てて持ち帰った天竺《てんじく》山産の岩（天竺石）、鶴の名所華亭《かてい》の鶴、太湖《たいこ》産の銘石太湖石、白蓮や蘇州の菱《ひし》（折腰菱《せつようりよう》）など、履道里の庭園の各所に配置される数多くの物をあげ、たんなる列挙ではなく、これらの由来や庭園における配置を逐一明示する。保胤の淡白なのに対し、庭園の細部へのこだわりが並々でないことが明瞭である。住居への執着の差は、当然、居住者のものの考え方にも反映されるはずだ。同じ言葉を使っても、おのずから濃淡の差となって表れるであろう。

作庭記との比較

平安時代に著されたとされる『作庭記《さくていき》』が重視する石・滝・遣水《やりみず》などについても、「池亭記」にはまったく記述がない。たとえば石がどこに、どのように配置されるのか。大海の様に見立てるのか、大河か、山河か、沼地か。それぞれにより石の大きさや形や並べ方も異なってくるはずだ。また滝の落し様にも幾種類もあるがこれにも言及がない。泉石の風流などといった種類のことは保胤の関心の外のようである（森蘊『「作庭記」の世界』）。

こんな話がある。藤原致忠《むねただ》は藤原冬嗣《ふゆつぐ》の邸宅であった有名な大邸宅閑院《かんいん》を買い自邸とし、泉石の風流を施そうとして庭石一つを金一両で買った。これが洛中の噂になり、業者が争って奇巌怪石を運び込み売ろうとした。これに対し致忠は「今は買わない」と言ったので、業者は石を門前になげうって帰ってしまった。そのあとで致忠はその中の風流あるものを選んで石組に用いたという（『江談抄』第三―二四）。庭園に石はつきものであり、それにこだわるのが一般と言ってよかろう。

しかし保胤は、巌石ばかりでなく、造作の材料の材質や産地、池亭のモデルとしての名勝地、豪壮な家構えか月光の射し込むあばら家風かといったことにも興味を示さない。俗気を嫌ったというよりも、はじめから池亭を構成する「モノ」に対する感性を欠落させているのであろう。むしろ世の中との距離の置き方や心構えが大事で、勢い処世論や人生観を語ることに重きを置くことになる。それは「池亭記」を三分した最後の段落に集中する。保胤がもっとも言いたかったことはこの部分であろうし、また古来、議論の集中するところでもあるから、少し丁寧にたどってみよう。

五旬に垂として小宅有り

予《われ》、行年《こうねん》漸《ようや》く五旬《ごしゅん》に垂《なんなん》として、適《たまたま》小宅有り。蝸《かたつむり》はその舎《いえ》に安んじ、虱《しらみ》はその縫《ぬいめ》に楽しむ。鷃《かやぐき》は小枝に住みて、鄧林《とうりん》の大きなるを望まず、蛙《かえる》は曲井《きょくせい》に在りて、滄海《そうかい》の寛《ひろ》きことを知らず。

冒頭の「予行年漸く五旬に垂として」は、本書の始めに保胤の年齢を推測する根拠として紹介した、あの一文である。私見に基づけば四十歳台に入る直前ということになる。この年齢になってたまたま小宅を手にすることになった。蝸や虱や鷃（かやくぐりとも。雀ほどの小鳥）が狭く小さな場所をすみかとするように、また井蛙《せいあ》が大海の広さを知らないように、自分もこの小宅を己が分に応じた住処として不満はない、と謙虚に語り始める。

身は内記、心は山中

家主、職は柱下《ちゅうか》に在りといへども、心は山中に住むが如し。官爵《かんしゃく》は運命に任す、天の工《たくみひと》均し。寿夭《じゅよう》は乾坤《けんこん》に付く、丘《きゅう》の禱《いの》ること久し。

家主である私は柱下（内記のこと）の職にあるけれども、心は山中に住むようである。官職や爵位は運命に任せよう。天意に不公平なことはあるまいから。寿命も天地に委ねよう。丘（孔子の名）が長い間祈って得た結論だから。

人の風鵬《ふうほう》たるを楽はず、人の霧豹《むひょう》たるを楽はず、膝を屈し腰を折りて、媚《こび》を王侯《おうこう》将相《しょうそう》に求めんことを要《ねが》はず、また言を避り色を避《さ》りて、蹤《あと》を深山幽谷に刊《きざ》まんことを要はず。朝《ちょう》に在りては身暫く王事に随ひ、家に在りては心永く仏那《ぶっだ》に帰す。

風にはばたく鵬《おおとり》のように出世しようとは思わず、かといって霧の中に姿を隠す豹のように隠遁することも願わない。また膝を屈し腰を折って権力者に媚びへつらうことも、人を避けて深山幽谷に隠れ住もうとも願わない。朝廷に出仕するときは、わが身は一時的に公務に従うことになるが、退庁してわが池亭にあるときは、心は永遠に仏に帰依するのだ。

「元九に与ふる書」

風鵬（風にはばたく鵬）とか霧豹（霧の中に姿を隠す豹）という語は、明らかに白楽天「元九に与ふる書」（『白氏文集』二十八、新釈漢文大成）の一節を踏まえている。

古人いわく、窮《きゅう》すれば則《すなわ》ち独《ひと》りその身を善くし、達すれば則ち兼ねて天下を救う、と。わたしは不肖《ふしょう》ながら、常にこの言葉を師としている。大丈夫（優れた男子）の守り通すべきは道であって、待たねばならないのは時である。時が来れば、雲竜となり、風鵬となって、突如として力の限り打って出、時に恵まれなければ、霧豹となり、冥鴻《めいこう》（遥か彼方に羽ばたく大鳥）となって、わが身を守り引き下がるのである。

兼済独善の典拠

白楽天はこの後に、「故に僕の志は兼済《けんさい》に在りて、行ひは独善《どくぜん》に在り」と続けるが、この一句の影響を「池亭記」に求めることはできない。白楽天の言う兼済と独善は、『孟子《もうし》』（尽心章句上）にある「窮すれば則ち独りその身を善《よ》くし、達すれば則ち兼ねて天下を善くす」によるものである（新釈漢文大系）。白楽天はこれを不遇の時は自分自身を磨き（独善）、順境の時は世の中全体を救済する（兼済）、と兼善を兼済と言い換えたが意味は変わらない。白楽天の「古人いわく」というのは『孟子』のことである。

独善・閑適・中隠

もっとも白楽天の独善の中身は、必ずしも身を修めつつ時を待つ大丈夫というのではなく、世間と関わらないところで自分一人の私的生活を楽しみ味わうことにあり、洛陽履道里の邸宅こそそのような閑適《かんてき》の理想を実現する場であったともされる（川合康三『白楽天―官と隠のはざまで―』）。そうだとすれば、保胤が「朝に在りては身暫く王事に随ひ、家に在りては心永く仏那に帰す」というのは、白楽天の閑適にならったものといえる。

さらに楽天は俸禄を受けながらも束縛はない自由な生き方を「中隠《ちゆういん》」と呼んだ。有名な「中隠」（『白氏文集』五十二）と題する詩に、「大隠《たいいん》は市中の喧噪《けんそう》に住み、小隠《しよういん》は寂しい山中に住むが、中隠となってひそかに官に留まっているには及ばない。出仕しているようで隠居しているようで、多忙でもなく閑でもなく、心力を労せずして飢寒を免れ……」と、大隠でも小隠でもない中隠の生活を主張した。

竹林の七賢との相違

保胤は「池亭記」に中隠という言葉を使ってはいないが、その生活態度はおおむね白楽天の中隠にならうものとしていいだろう。しかし「朝に在りては身暫く王事に随ひ、家に在りては心永く仏那に帰す」という一句に注目すると、後掲の「晋朝《しんちよう》の七賢《しちけん》は異代の友たり。身は朝に在りて志は隠に在るを以てなり」が目に入る。しかし構文が似ているだけで内容の一致を言うことはできない。仏法と隠逸の質の相違を問わずに表面上の類似だけを採りあげるのは危険である。しかも、異代の友とされる竹林の七賢の特色として、身は朝廷に仕えながら心は隠逸にあったと、仕官と隠逸を両立させるのは誤りで、むしろ朝にあらず隠にあらずというべきである、との異論もある（雋雪艶「「池上篇」から「池亭記」『方丈記』まで—その思想的特徴をめぐって—」）。とすれば、これは保胤の誤解ということになる。

先に進もう。

一日に三賢に会う

手を洗い口をすすいで後に西堂に参り、阿弥陀如来を念じ法華経を読む。食事の後は東閣に入り、書巻を開きいにしえの賢者に会う。漢の文帝《ぶんてい》は異代の主である。倹約を好み人々の生活を安んじたからである。唐の白楽天は異代の師である。詩句に長じて仏法に帰依したからである。晋の竹林の七賢は異代の友である。身は朝廷に仕えながら心は隠逸にあったからである。こうして一日に賢主・賢師・賢友の三賢に会うことができるのである。だから富貴を第一義として文章を価値の基準におかない師なら師などいない方がよく、勢利を先にして淡白な交わりを後にするような友もいない方がましだ。門戸を閉じて独吟独詠し、興にのれば子供と小船に乗り、余暇があれば下僕と後園に入り肥料をやり水をまく。このように、わが宅を愛しその他を知らない。

これが保胤の池亭における生活の基本である。かれの誤解もあるようだが、三賢に対する心酔ぶりがよくわかる。しかし、保胤の人生論や処世論の曖昧や未熟を、儒仏道の純粋な教義の高みから批判してもあまり生産的ではあるまい。おそらくかれは、池亭の主としての自足の気持ちを、たんに唐風の語句をちりばめて謳歌したにすぎないと思われる。所詮は「われ吾が宅を愛し、その他を知らず」との一句に尽き、すべてがここに発しているのである。

わが家は仮のやどり

これより後は「池亭記」の最終部に入る。

応和（九六一〜六四）より以来、世の人は好んで大きな家を建てる風潮にあるが、莫大な経費をかけたにもかかわらず、住むのはわずかに二〜三年にすぎない。古人の「造れる者は居らず」という言葉もなるほどと納得がいく。自分はいい歳になって小宅を手に入れたが、これでも分にすぎ贅沢である。ちょうど旅人の仮の宿り、老いた蚕の繭《まゆ》を作るにも似て、そこにどれほど住むことができようか。

まるで人生自体が旅宿のごとしとでも言いたげな口ぶりである。ところが一転して次

家とこの世の価値の実現

のような文言で一気に終結に向かう。

ああ、聖賢の家を造る、民を費さず、鬼《き》を労せず。仁義を以て棟梁《とうりょう》と為《な》し、礼法を以て柱礎《ちゅうそ》と為し、道徳を以て門戸と為し、慈愛を以て垣墻《えんしょう》と為し、好倹を以て家事と為し、積善を以て家資と為す。その中に居る者は火も焼くこと能《あた》はず、風も倒すこと能はず、妖《よう》も呈《あらわ》るることを得ず、災も来ることを得ず、鬼神も窺《うかが》ふべからず、盗賊も犯すべからず。その家自《おの》づから富み、その主これ寿《いのちなが》し。官位永く保ち、子孫相承《あいう》く。慎まざるべけんや。天元五載孟冬《もうとう》十月、家主保胤、自《みずか》ら作り自ら書けり。

聖賢が造る家は、仁義・礼法・道徳・慈愛・好倹・積善などにより堅牢な構造を有し、火・風・妖・災・鬼神・盗賊などの諸難も犯すことなく、その家は富裕に、その主も長寿を保ち、官位を保持し続け、子孫絶えることなく繁盛するという。身も心も慎んでかくありたいものと思う。時に天元五年十月、家主保胤。

これが「池亭記」の結論であり、最終的にかくありたしと願うところである。よく引き合いに出される鴨長明『方丈記』の結末が、仏の教えの根本である執着心を断つことのむずかしさに触れ、草庵を愛し閑寂に執《しゅう》する自心をさえ省察して、貧賤の報いか妄心の至りかと複雑な心裡《しんり》を見せたのとはまったく違う。やはり保胤は池亭に満足しているのである。「われ吾が宅を愛し、その他を知らず」というのが本音でそれに尽きる。ただ池亭を語るに、邸宅を構成する具体的な「モノ」にはこだわらないが、抽象的な儒教の徳目には強い主張を見せる。この辺りが保胤の特徴である。

三　浄土信仰とその著述

浄土信仰の様相と軌跡

池亭での日課は起床後の洗面の後、まず西堂に参り、阿弥陀如来を念じ、『法華経』を読むことから始まる。この池亭において往生伝の嚆矢《こうし》『日本往生極楽記』と「十六相讃」が著述された。若いころからの浄土信仰が、熟成の場と時を得た結果の産物である。ここに至るまでの浄土信仰の様子については、『日本往生極楽記』序に簡潔に語られている。

私は若いころより阿弥陀仏を念じ、四十歳以降はその意志がいよいよ激しくなった。口に阿弥陀仏の名号を唱え、心に阿弥陀仏の相好《そうごう》（すぐれた姿形）を観想した。行《ぎょう》住坐臥《じゅうざが》に片時たりとも忘れず、短い時間でも必ずこれを行った。堂舎塔廟《どうしゃとうびょう》に阿弥陀像や浄土の図があれば、これを敬い礼をしないことはなく、道俗男女の極楽浄土に関心を寄せ往生を願う者に結縁しないことはなかった。また経論疏記《きょうろんそき》（経典やその要義を整理したものや註釈書）にその功徳や因縁を説くものを、披閲《ひえつ》しないこともなかった。

若いころがいつをさすのか明示しないが、すでに勧学会の行事の一部に念仏があったから、おそらく二十歳前後に遡るのであろう。信仰がますます激しくなったという四十歳を、池亭の入手と関わらせて考えるべきことはすでに指摘した。

具平親王の目撃談

常日頃の浄土信仰の内容を示すものとして、『日本往生極楽記』序の他にも具平親王の「心公に贈る古調詩」がある。親王は詩中に、公《こう》（心覚）は在俗の日、常に念仏していて、言談の隙《ひま》にも眼を合せ仏号を唱えていた。また公は天台の源公《げんこう》（源信）と値遇《ちぐ》慈《じ》尊《そん》の業を修していて、私もたまたまこれに与《あず》かった、と記している。心公とは保胤のことである。保胤は出家の当初は心覚《しんがく》を名乗り、間もなく寂心《じゃくしん》を称した。心公は寂心ではなく心覚に対する呼称である。在俗時の保胤は、親王との言談の合間にも目を閉じ阿弥陀仏名を唱え、また比叡山の源信とともに慈尊（弥勒《みろく》菩薩）にまみえるための業を修していたのである。

浄土信仰の特徴

短い一、二句にすぎないが、保胤ばかりでなく源信と親王も共有する信心の在り方がよく描写されている。在俗時からの源信との交流、称名と観想（阿弥陀如来や極楽浄土の様を想像し観察すること）を併せ修する念仏、阿弥陀如来と弥勒菩薩を併せ信仰することなどである。この詩には親王だけが知っている源信と保胤についての新証言といった趣もあり、とくにその具体的な所作を「言談の隙に眼を合せ仏号を唱う」と記した部分は印象的だ。阿弥陀如来と弥勒菩薩の併信についてはこの時代一般のことで、とくに異とするにはあたらないが、相手が源信と保胤とくれば話は別である。二人とも阿弥陀信仰の代表的人物と目されているからである。しかし浄土信仰といえば一仏専修でなければ済まないというのは、現代人の窮屈な料簡《りょうけん》である。さすがに源信は専門家であるから、『往生要集』に阿弥陀と弥勒、それぞれの浄土である極楽と兜率天《とそつてん》の優劣を採りあげ、阿弥陀と極楽浄土の優れていることを論証している。ただしその一方で、もし特別な因縁があるなら極楽以外の浄土を求めることも可としていて、やや歯切れが悪い（大文第三の第二「兜率に対す」）。

弥勒信仰の流布

弥勒菩薩は古くより広く信仰されており、阿弥陀如来と併信されてもいた。弥勒菩薩が常住説法している兜率天に往生しようという信仰（弥勒上生《じょうしょう》信仰）と、釈迦入滅後五十六億七千万年後にこの世に降りて竜華樹《りゅうげじゅ》のもとで衆生を救済する説法に与かろうとする信仰（弥勒下生《げしょう》信仰）、あるいは一旦兜率天に往生し弥勒の下生とともにこの世に再生したいと願う信仰は、中国や朝鮮に広く流布しわが国でも早くから見られる。京都広隆寺の弥勒菩薩像は七世紀に溯り、空海が兜率天への上生を語り、やがて生身のまま入定《にゅうじょう》（意識を集中させ心が外界のものに迷わされないようにすること）して弥勒の下生を待っているという信仰を生み、この時代でいえば吉野金峰山《きんぷせん》が弥勒浄土あるいは弥勒下生の地とされ、藤原道長がこの山に経典を埋め弥勒の下生に会おうとしたことなど、枚挙にいとまがない（速水侑『弥勒信仰—もう一つの浄土信仰—』）。道長の場合は『弥勒上生経』『弥勒下生経』『弥勒成仏経』各一巻のほか、『法華経』八巻、『無量義経』『観普賢経《かんふげんきょう》』各一巻、『阿弥陀経』一巻、『般若心経《はんにゃしんぎょう》』一巻など、計十五巻の経典をみずから書写しこれらを銅筒に収めて埋納している。それはかれの日記『御堂関白記《みどうかんぱくき》』寛弘《かんこう》四年八月十一日条に記され、またその銅筒が発掘されて京都国立博物館で見ることができ、それに刻された銘文も翻刻されている（『平安遺文』金石文編）。

二つの浄土信仰の序列

おそらく保胤の浄土信仰の優先順位は、まず阿弥陀如来の浄土である極楽に往生し、しかる後に弥勒菩薩の兜率天に行き、あるいは弥勒菩薩が下生して竜華樹下にする三度の説法に与かろうとするものであったろう。かれはそのような序列あるいは平和共存を破綻させるほどに突き詰めることはせず、阿弥陀の極楽浄土への信仰に集中していった。その結果が『日本往生極楽記』と「十六相讃」であった。

『日本往生極楽記』の先駆『浄土論』

極楽浄土に往生したと思われるわが国の僧俗男女四十余人の生前の行いを蒐集したのが『日本往生極楽記』である。往生の成否を決するのは臨終時あるいは死後に異相《いそう》を示すかどうかにある。異相とは芳香・紫雲・光輝・音楽・自他の夢告・死期の予知や予告などで、唐迦才《かさい》の『浄土論』（巻下）には、往生した人はみな異相を得ると記してある。保胤はこれに依拠した。さらに同巻冒頭の、「経論に説く往生の教えはもっともだが、現に往生した者二十人の実例を見ることにより、智浅き衆生はいっそう信心を励ますことができるのだ」、との一文に大いに動かされた。『浄土論』には比丘《びく》六人・比丘尼《びくに》四人・優婆塞《うばそく》（男の在家の信者）五人・優婆夷《うばい》（女の在家の信者）五人が載せられている。現に往生したものとはこれを指す。『浄土論』は迦才没後百年にも満たない奈良時代中期には流伝していて、智光《ちこう》『往生論疏』には三十三回も引用され、その後、源信・法然・親鸞などわが国の浄土信仰史に大きな影響を与えている（森川昭賢「我が國に於ける迦才『浄土論』の流傳」）。

新来の『瑞応伝』

保胤は先行の往生伝として同じく唐の文諗《ぶんしん》・少康《しょうこう》『瑞応伝《ずいおうでん》』にも注目している。これについては先に兄保憲のところで触れたように（第一の二「保胤の家族」）、呉越国に渡った延暦寺の僧日延により書写され、天暦十一年（九五七）我国にもたらされて延暦寺に収められたもので、それは『日本往生極楽記』撰述のわずか二十余年前にすぎない。この書の存在を知りえたのは、延暦寺僧おそらく源信を介してであろう（平林盛得「大陸渡来の往生伝と慶滋保胤」）。源信も『往生要集』大文第七ノ六引例勧信に『瑞応伝』をあげている。確証はないがありうる推測である。

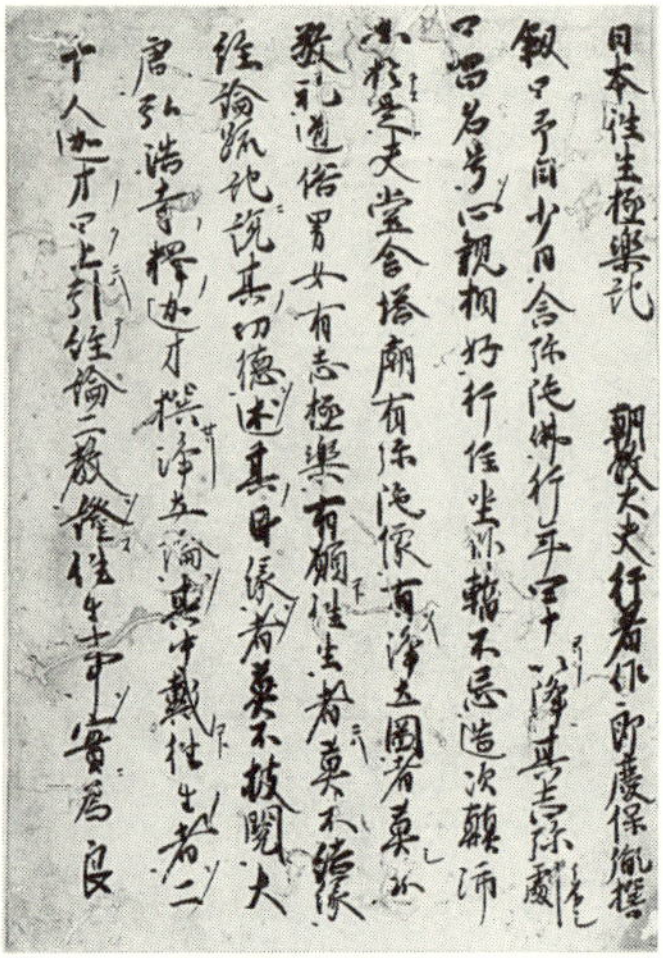
日本往生極楽記　朝散大夫行著作郎慶保胤撰
叙曰予自少日念弥陀仏行年四十已降其志弥劇
口唱名号心観相好行住坐臥暫不忘造次顛沛
必於是夫堂舎塔廟有弥陀像有浄土図者莫不
敬礼道俗男女有志極楽有願往生者莫不結縁
経論疏記説其功徳述其因縁者莫不披閲大
唐弘法寺釈迦才撰浄土論其中載往生者二
十人迦才曰上引経論二教証往生事実為良

『日本往生極楽記』序
（前田育徳会尊経閣文庫蔵）

保胤はこの伝の中に、牛を屠殺し鶏を販売するのを生業としていても、臨終時に阿弥陀仏名を十声したお陰で異香ただよう中に往生を遂げた二人の男を見て、殺生の罪を犯しても弥陀の救済に与かることができると、いよいよ信心を堅くした。そこでわが国の史書やいろいろな人の別伝などを調べ、異相《いそう》往生した者を検出し集成して『日本往生極楽記』を著した。

『三宝絵』と『瑞応伝』

『瑞応伝』は源為憲《みなもとのためのり》も見ている。『三宝絵』（下、温室）に「モロコシノ往生伝ヲミルニ」として道珍禅師《どうちんぜんじ》を引くが、この往生伝は『瑞応伝』である。道珍が夢に、極楽へ向かう船に乗ることを断られたのでその理由を訊ねたところ、『阿弥陀経』を誦し温室《うんしつ》（湯施行《ゆせぎょう》）の功徳を行えば往生できると告げられた。夢覚めて後、経を読み僧に湯浴みを施して、臨終時に浄土の迎えを得たという。為憲は往生話ではなく温室の功徳譚《くどくたん》として引いている。新来の書を自在に読みこなしているさまを見てとれるだろう。仏書が延暦寺の経蔵に死蔵されることなく、たちまち俗界でも共有されている事実は、先の日延が請来《しょうらい》した大部の書籍の中に仏書のほか暦経や儒書もあったことと相まって、僧俗により担われるこの時代の知的世界の在りようを垣間見せていて興味深い。

往生者の人数と配列

『日本往生極楽記』に収録された往生者は序に四十余人と概数を記すが、細かく数えてみれば四十二人ないし四十五人である。人数の違いは数え方による。元興寺智光《ちこう》伝・勝尾寺《かつおじ（かちおじ）》勝如《しょうにょ》伝・伊勢国（三重県）飯高郡の尼某伝が、おのおの頼光《らいこう》・教信《きょうしん》・石山寺真頼《しんらい》妹の娘の往生話を併記している。四十余人の筆頭は聖徳太子ついで行基《ぎょうき》、以下、比丘二十五人、沙弥二人、比丘尼三人、優婆塞四人、優婆夷六人の順になっている。おそらく『浄土論』『瑞応伝』の配列にならったものであろう。前掲のほかに著名な人物をあげれば、延暦寺の円仁《えんにん》、市《いち》の聖空也《ひじりくうや》、藤原義孝《よしたか》などがいる。通観して保胤とほぼ同時代と思われる往生者が多いのは、極楽往生に対する社会的関心のたかまりを感じさせ、往生の風聞が飛び交っていた情況を推察させる。

『日本往生極楽記』の情報源

往生伝の情報源として、保胤は国史（『日本書紀』以下の六国史）、別伝（各人の伝記）などをあげている。聖徳太子は『日本書紀』『聖徳太子伝暦《しょうとくたいしでんりゃく》』など、行基は『続日本紀《しょくにほんぎ》』『三宝絵』などにより、律師隆海《りゅうかい》は『日本三代実録』によりそれを簡略にしたものである。ただし『続日本後紀《しょくにほんこうき》』承和元年九月戊午条には僧正護命《ごみょう》の卒伝があり、極楽からの迎えの音楽が聞こえたと記すにもかかわらず、保胤はこれを採用していない。見落としだろうが、後に三善為康《みよしのためやす》『拾遺往生伝《しゅういおうじょうでん》』がこれを掬《すく》いあげている。

国史別伝などに顕彰されそうもない人物も少なくないが、それらは見聞によるものだろう。陸奥国《むつのくに》新田郡（宮城県栗原郡・遠田郡）の玄海《げんかい》、信濃国《しなののくに》（長野県）の薬蓮《やくれん》、伊予国《いよのくに》（愛媛県）の越智益躬《おちのますみ》、加賀国《かがのくに》（石川県）の一婦女などは遠隔の地であるから、伝聞により得た知識であろう。また延暦寺の諸僧や都に近い近江・摂津・播磨などといったところの往生者は、みずから現地に赴《おもむ》いた際の直接の見聞による可能性がある。

同時代の往生者千観

保胤と同時代の往生者を二、三紹介しよう。第一にあげるべきは有名な空也であろうが、かれについてはすでに触れたので繰り返さず（第二の三「善秀才宅詩合」）、延暦寺の千《せん》観《かん》から始めよう。

千観は母が観音に祈り、夢に一茎の蓮華を得たと見て身ごもって誕生した。神仏に祈って生まれた、いわゆる申し子である。慈悲の心に富み、学問に精励して阿弥陀如来や極楽を讃える和文の句（和讃《わさん》）を作り、それは広く民間に口ずさまれた。『日本往生極楽記』にその名称は記されていないが「極楽国弥陀和讃」といい、「娑婆世界の西の方、十万億の国すぎて、浄土あるなり極楽界、仏在《まし》ます弥陀尊」などといったものであった。千観の信奉者の一人に権中納言藤原敦忠《あつただ》の娘がいて、千観が入滅《にゅうめつ》して間もなく、夢に師が蓮華の船に乗り、弥陀和讃を唱えつつ西に行くと見たという。権中納言藤原敦忠という上流貴族の娘が千観の往生を決するキーパーソンとなっていることが注目される。

佐理、延暦寺真覚

権中納言敦忠には佐理《すけまさ》という男子もいた（能筆家三蹟《さんせき》の一人佐理とは別人）。右兵衛佐《うひようえのすけ》の官にあり殿上に仕えていたが、村上天皇崩御後の四十九日も果てた康保四年（九六七）七月、まだ年若いのに親も妻も捨てて延暦寺に出家した。法名真覚《しんがく》。それから十二年間、真言密教の供養法や阿弥陀供養法を修して怠りなく、やがて臨終の時を迎えた。その時、尾の長い白い鳥が来て「去来々々（いざいなん＝さあ行こう）」と鳴いて西に向かい飛び去った。また入滅の夜には三人の僧が、真覚が迎えの竜頭鷁首《りゅうとうげきしゅ》の船に乗り去って行くと、夢に見たという。勧学会に集った延暦寺僧あたりからでも得た情報であろうか。

佐理の妻

『蜻蛉日記《かげろうにっき》』は佐理の妻もまた尼になり互いに歌を交わした、とその和歌も記す（上、康保四年）。佐理の妻は民部卿文範《ふみのり》の娘であり、日記の記主道綱《みちつな》母の姉の夫為雅《ためまさ》の姉妹である。これらの人々の間では、佐理の突然の出家は大事件であり、真覚と名を変えてからも関心を寄せ続けたに違いなく、やがて往生のことも噂されたであろう。

往生のネットワーク

千観の往生を夢見たのは佐理の姉妹であった。出家や往生は俗世を捨てることを前提とするが、僧俗両界のしがらみは断ちがたく、本人の意思とはかかわりなく残る。そのネットワークこそが、間断なく往生者を誕生させる背景にあったのである。

藤原義孝

もう一人、藤原義孝も見過ごしがたい。義孝は一条摂政藤原伊尹《これまさ》と花山天皇外祖母恵《けい》子《し》の息子である。百人一首の「君かためをしからさりし命さえ　なかくもかなと思ひけるかな」の歌で知られる義孝は、死後、友人藤原高遠《たかとお》の夢に現れ、「しかばかりちぎりしものをわたりがは　かへるほどにはかへすべしやは」と詠い、また「昔は契《ちぎ》りき蓬莱《ほうらい》宮《きゅう》の裏《うち》の月に　今は遊ぶ極楽界の中の風に（昔は宮中の月の下で親交を結んだが、今は極楽世界で風に吹かれて遊んでいる)」と詠じたという。このうち「昔は契りき……」の漢詩は『日本往生極楽記』の諸本ともに存するが、「しかばかり……」の和歌は尊経閣《そんけいかく》文庫本のみにあって他本には見えず、同話を伝える『法華験記《ほっけげんき》』『今昔物語集』などにもない。ただ尊経閣文庫本にあると言っても、写本を見ると、この和歌自体は欄外に小さな片仮名で傍書され導線をもって本文に挿入すべく指示されていて、尊経閣文庫本を底本とする『往生伝　法華験記』(日本思想大系)が本文の一部として挿入したものである。もともとあったものかどうかは疑わしく、おそらく原本にはなく、書写の過程で付加されたのであろう。

義孝臨終時の逸話

ただ「しかばかり……」の方は、藤原高遠ではなく義孝母恵子の夢の話として流布していたようで、『大鏡』(巻三、伊尹)によれば、重篤《じゅうとく》に陥った義孝は母に次のように言う。「自分が死んでも、死者を扱う通例の作法のようにはなさいませぬように。法華経を誦し奉ろうと思う本意がありますので、かならず帰ってまいります」。義孝は方便品《ほうべんほん》を読みつつ息絶えたが、母は気が動転していて、その間だれかが処置したのか、死者の枕を北にする枕がえしの作法をしたりしたので、ついにかれは生き返ることができなかった。そこで後に母の夢枕に、「あんなに約束したのに、三途《さんず》の川から帰ってくるわずかの間

没落する貴家と義孝往生話

に忘れてしまうなんて……」、と恨めしげに現れたのである。

保胤がこの和歌を採録したことは不確かとしても、恵子女王とその子たちの人生に無関心ではいられなかったはずだ。かれは花山天皇の命で「恵子女王に封戸《ふこ》年官年爵を充てる勅」と「尊子《そんし》内親王四十九日のための願文」を作っている。天皇にとって恵子は祖母、尊子内親王は姉である。恵子の息義懐《よしちか》は花山朝政のブレーンであり、保胤はこの政権に内記として関わることになる。そして恵子の四子挙賢《たかかた》・義孝・義懐《よしちか》・懐子《かいし》のうち、挙賢と義孝は天延二年（九七四）九月、ともに疱瘡に罹り相次いで没し、尊子と天皇姉弟の母懐子も翌年薨去している。短時日のうち血筋のほとんどがこの世を去り、孫の花山天皇は退位させられ、残る義懐も政治世界から脱落して出家する。花山朝から一条朝へ、平安時代を通じてもっとも華やかな時代の到来と、その陰にひっそりとただ一人残った延喜聖帝醍醐の孫恵子女王。史上薄幸の貴人は少なくないが、この政治的敗者の一家は氏素姓といい、政治性といい、人々の関心を惹くに足る十分の物語性を有している。保胤はそれを間近に目撃していた一人であった。往生者の伝の収集と自身の出家が近づいたころ、若くして仏道への志あつく、和漢の詩歌にすぐれた感性を有しながら、わずか二十一歳で他界した貴公子義孝を、往生伝中の人として掬いあげたのであろう。

『日本往生極楽記』成立の条件

保胤が中国の往生伝二書を参照したことは不可欠の条件だが、十世紀のわが貴族社会に往生者を誕生させる条件が成熟していた事実も劣らず重要である。否《いな》、むしろ順序は逆で、保胤や貴族社会における浄土信仰の成熟が、『浄土論』や『瑞応伝』に目を向けさせることになった、と言うべきであろう。往生者を誕生させる人々のネットワークの存在は、往生伝の編者や浄土教を鼓吹する僧の蔭にかすみがちだが、たしかな存在として見え隠れしている。あと百年も経てば、それはより広範に形成されて往生者が激増することになる（小原仁「女人往生者の誕生」）。

『日本往生極楽記』成立の経緯

ところで現在われわれが目にする『日本往生極楽記』は、再々稿ともいうべきものであり、最初のものとはかなり異なっている。その間の事情は行基伝末尾に記された識語《しきご》に詳しい。それによれば、『日本往生極楽記』は出家以前にひとまずできていたとある（初稿本）。出家後、新たに五六人の往生者を得ていたが、念仏に暇なく筆を染めることができないでいた。そこで中書大王に委嘱しその加筆修正を待った。大王は快諾して補筆した（再稿本）。その間大王は聖徳太子と行基菩薩を加えるべしとの夢告を得た。しかし大王はにわかに病に罹《かか》り加筆は叶わなかったので、保胤がこの二人の伝を調べて加筆したという。当然、序も一部書きかえられたはずだ（現稿本）。なおこの大王について、以前は兼明親王とされていたが、近年は具平親王であろうことが考証され、大方の支持を得ている（平林盛得「中書大王と慶滋保胤」）。

初稿本の成立時期

初稿本には出家後に入手した往生者五、六人と聖徳太子および行基を欠いていた。保胤が出家したのは寛和二年（九八六）四月二十二日だから、初稿本はそれ以前、さらに源信の『往生要集』起筆の永観二年（九八四）末以前、遅くも翌年四月の脱稿以前には成っていたであろう。なぜなら『往生要集』大文第七ノ六「引例勧信」に、中国には浄土往生した男女五十余人を集めた『浄土論』『瑞応伝』があるが、わが国においても多くの往生者がいる。つぶさには「慶氏『日本往生記』」にありと紹介しているからである。また往生者のうち没年のもっとも新しいのは千観であり、かれが初稿本から収録されていたと仮定して、その没年月日を永観元年十二月十三日と決したうえで、初稿本の成立は翌永観二年とする説もある（平林盛得「慶滋保胤の出家前後の諸問題」）。いずれも永観二年ころをその時期とするものである。源信が『往生要集』に紹介した「慶氏『日本往生記』」はこの初稿本であると思われる。その後の永延二年（九八八）正月十五日、源信は『往生要集』とともに師良源の「観音讃」、保胤の『日本往生伝』「十六相讃」、源為憲の「法華《ほけ》経《きょう》賦《ふ》」を遺宋しようと宋僧斉隠《さいいん》に託した（速水侑『源信』）。この『日本往生伝』が初稿本「慶氏『日本往生記』」であったか、現稿本『日本往生極楽記』であったかはわからない。

現稿本は未定稿か

それにしても現稿本には記述上の不統一が目立つ。たとえば元興寺の智光《ちこう》と頼光《らいこう》の往生話が十一番目に記されるが、時代の順序からすれば、行基伝に次いで第三番目に配されるのが自然である。また没年が明らかであるにもかかわらず、善謝《ぜんしゃ》・隆海《りゅうかい》のようにそれが記されていない者がいる反面、聖徳太子・行基のほか、円仁・明祐《めいゆう》・延昌・増《ぞう》祐《ゆう》・高階良臣《たかしなのよしおみ》・藤原義孝《よしたか》のように没年を明記された者もいる。平林盛得氏はこの六人を出家後に得た往生人と推測し、その理由として、初稿本では没年にこだわらなかったが、再稿本では没年を記すようになったからとしている（平林盛得「慶滋保胤の出家前後の諸問題」）。興味深い指摘である。しかしさらに聖徳太子と行基を加え、序文も修正して現稿本ができあがっているから、その際になぜ配列の順序を正さず、一部没年の記載を怠ったのか解しがたい。また行基伝末尾の識語も、見方によっては無くもがなの楽屋話であるから、整序の余地があるだろう。『日本往生極楽記』は、名文家保胤にしてはやや杜撰《ずさん》の印象を拭いがたく、正直、完成度はあまり高くない。あるいは未定稿のまま流布して現在に至った可能性もある。

太子・行基の浄土往生

聖徳太子と行基は、当初、保胤の脳裏にはなかったようだ。しかし具平親王の提案があり、国史別伝をひも解き伝の先頭に位置づけた。ただし肝心の往生に関してやや不明瞭な点が残された事実は否めない。

聖徳太子の場合は『聖徳太子伝暦』などにより、誕生は救世《くぜ》菩薩の再誕、妃への死期の予告、遺体からの芳香、遺体が衣服のごとく軽かったことなどの奇瑞があり、また高麗僧恵慈《えじ》をして太子の薨去後一年の命日に死んで「太子に浄土にて遇はむ」と言わせているから、往生の認定そのものに問題はない。しかしその往生した先がいかなる浄土かは明らかにされない。救世菩薩が救世観音で観音菩薩と同じ尊格と仮定し、観音と勢至両菩薩が阿弥陀如来の脇侍であることを理由に、そこから極楽浄土を連想させるのでは迂遠にすぎよう。よく知られた「天寿国《てんじゅこく》」が「无寿国《むじゅこく》」の誤りであり、无寿国は無量寿国（極楽浄土）の略称かとされる話にも、当然のことながらまったく言及はない。

太子・行基はわが国仏教史の初発

一方の行基はどうか。かれも文殊菩薩の化身であることは記されるが、肝心の極楽往生に関することには一切言及がない。素直に考えれば往生者の資格に欠ける。しかし見方を変えれば、この二人を採用し冒頭に据えることには、また別の意味もありそうだ。

具平親王が夢告により、聖徳太子と行基を追加すべしと提言した理由について、行基伝末尾の識語はなにも語らない。ただ保胤が親王に加筆を依頼したのは寛和二年（九八六）

出家の後であり、源為憲『三宝絵』はすでに永観二年（九八四）に成っているから、保胤も親王もこれを見ることができるし、現に『日本往生極楽記』太子伝は『三宝絵』法宝巻の太子伝を参照している。『三宝絵』は聖徳太子を先頭に配し、ついで行基―役行者《えんのぎょうじゃ》と続けたが、『日本往生極楽記』はこれにならい太子―行基とした（役行者は『日本往生極楽記』にはない）。この配列の順序は『今昔物語集』に継承された（巻十一、本朝付仏法）。『上宮聖徳太子伝補闕記《じょうぐうしょうとくたいしでんほけつき》』『聖徳太子伝暦』といった聖徳太子の伝記は平安時代を通じて自己増殖を続けたが、多少ともわが国の仏教史を回顧するような著述において、初期段階に聖徳太子や行基を位置づけるのはこのころに始まり、それが『三宝絵』や『日本往生極楽記』であるとされる。その理由は、日本仏教の始発時における自力開発的な側面をクローズアップさせるために、太子を朝廷（国家仏教）における、行基を民間（国家により承認された民間仏教）における、役優婆塞《えんのうばそく》を山岳仏教における、それぞれの始祖として捉え、日本仏教をこの三本柱で捉えようとしたためとされる（池上洵一「『今昔物語集』本朝仏法部の基盤―その始発部分を中心に―」）。

太子・行基の仏教史上の意義

源為憲は『三宝絵』（法宝巻序）に「仏法は東に流れてわが国に伝わり、迹《あと》を垂《た》れた聖《ひじり》が多く現れ、仏道を広めた君主も今に続いている」と言って、インドと中国で衰退著しい仏の教えがわが国では盛んである事実を、過去に溯り述べようとした。つまり天竺《てんじく》（インド）・震旦《しんたん》（中国）・朝鮮半島などから区別されるわが国独自の仏教史を構想しようとしているのであるが、保胤も具平親王の提言を契機にそのような構想を、往生者列伝の中に確認しようとしたのではないかと考えられる。仏教伝来後ほぼ四百年が経過し、わが国の仏教史を顧みて多少なりともその自立性を意識した時、すでに菩薩の化身とされ聖化がなされていた聖徳太子と行基は、天竺と大唐に対抗しうる格好の超人として認識されたのであろう。中国のように訳経の歴史があれば、翻訳の作業の中に自立や国風を主張できたかもしれない。しかしそれがなく、さらにそれに代わるものもなければ、権《ごん》化《げ》の人が肩代わりせざるをえまい。

こうしてみると、『日本往生極楽記』の冒頭に聖徳太子と行基を配置したことは、日本仏教史の枠組みの構築にかかわる新たな潮流であり、またそれが為憲に始まり具平親王や保胤といった、要するに僧院の外の知識人により構想された点も大いに注目されるのである（小原仁「摂関時代における「日本仏教」の構想」）。

『日本往生極楽記』の継承

『日本往生極楽記』はわが国最初の往生伝として後継の著述の範となった。延暦寺の僧鎮源《ちんげん》は長久年間（一〇四〇～四四）に『大日本国法華経験記』を著したが、著述の趣旨は異なるとはいえ『日本往生極楽記』から何人もの人物を採用した。聖徳太子・行基・円仁・延昌・無空・奥州小松寺玄海・高階良臣・藤原義孝・伊予国越智益躬・大日寺辺老女（『日本往生極楽記』は大日寺広道《こうどう》として立項）など、明らかに『日本往生極楽記』を参考にしている。なかでも聖徳太子を冒頭に、行基を次に置く配列は『三宝絵』『日本往生極楽記』にならうものであり、さらに行基伝の末尾に識語を付し、「そもそもこの験記の中に、行基菩薩を入れざりき。……然れども夢に宿老あり。……言を作《な》さく、行基菩薩は日本第一の法花の持者なり。……この夢の告に驚きて、後に入れ奉るところなり」と記しているところは、まったく『日本往生極楽記』にならったものである。

その後十二世紀には、大江匡房《おおえのまさふさ》『続本朝往生伝』、三善為康《みよしのためやす》『拾遺往生伝』『後拾遺往生伝』、蓮禅《れんぜん》『三外往生記《さんげおうじょうき》』、藤原宗友《むねとも》『本朝新修往生伝』などの続編が相次ぎ、往生伝とは銘うたない『大日本国法華経験記』を除いても、これら五書だけで延べ三〇〇人に及ぶ往生者の伝記が採録され、一大伝記集の趣を呈している。

保胤の浄土信仰の流布

これに『今昔物語集』本朝付仏法部も少なからず『日本往生極楽記』を典拠としている事実を加えれば、わが国最初の往生伝としての史的意義は大いなるものがあり、先に杜撰、未定稿などと論評したことは、われながら木を見て森を見ない賢《さか》しらに思えてくる。前言を撤回しはしないが、保胤の名誉挽回のためにも、『和漢朗詠集』（巻下仏事）に収められ、清少納言や藤原道長にも愛唱された保胤の名句をここで復誦し、しかる後、さらにかれの浄土信仰の世界に分け入ることにする（『枕草子』九七段、『栄花物語』巻三十「つるのはやし」）。

極楽浄土の下品往生

十方仏土の中には　西方を以て望とす
九品《くほん》蓮台の間には　下品《げぼん》といふとも足《た》んぬべし　保胤

西方極楽浄土は上品《じょうぼん》・中品《ちゅうぼん》・下品の三に分かれ、さらにそれぞれが上生《じょうしょう》・中生《ちゅうしょう》・下生《げしょう》に分かれるとされる。九品蓮台とはそのことを指し、最下位の下品でも極楽に往生できるのであれば十分との謂《いい》である。源信も生前、下品往生を己《おのれ》の分にふさわしいと言っていたようだから（小原仁『源信』）、ともに弥陀と弥勒の行法を修していた保胤もその影響を受けたのであろう。

この極楽世界のありさまは『観無量寿経《かんむりょうじゅきょう》』に説かれ、保胤が満足とした下品も上・中・下の三生《さんしょう》があり、その下生には五逆《ごぎゃく》・十悪《じゅうあく》の不善の業を犯したものでも、臨終時に至心不断《しじんふだん》に南無阿弥陀仏を十声称えれば、無量の過去に犯したすべての罪を除き極楽に往生することができるとある。五逆とは母・父・聖者を殺すの三に、仏身を傷つけ出血させる、教団を破壊するの二を加えた五で、犯せば無間地獄《むげんじごく》に堕《お》ちるとされる。十悪は身体・言語・意志の活動において犯す十の罪で、殺生・偸盗《ちゆうとう》・邪淫（身三）、妄語・綺《き》語《ぎよ》・悪口《あつく》・両舌《りようぜつ》（口四）、貪欲《どんよく》・瞋恚《しんに》・邪見（意三）である。

後白河院が蒐集した歌謡の一つ「弥陀の誓ひぞ頼もしき、十悪五逆の人なれど、一度《ひとたび》御名を称ふれば、来迎引摂《らいごういんじよう》疑はず」（『梁塵秘抄《りようじんひしよう》』巻二）でよく知られた教えである。

『観無量寿経』の十六観

『観無量寿経』には極楽浄土を観想する方法が説かれている。悪友提婆達多《だいばだつた》にそそのかされた阿闍世太子《あじやせたいし》が父王頻婆娑羅《びんびさら》を七重の室に幽閉し、ひそかに助けようとした母韋《い》提希《だいけ》までも奥深い部屋に閉じ込める。懊悩《おうのう》する韋提希夫人に対し、釈尊は西方極楽浄土の存在を教え、阿弥陀仏の浄土を観想する方法を教える。この感動的な物語のあとに、太陽が西に沈むさまを見て、見終わって目を閉じてもその映像がはっきりと残るようにする日想、浄土の清らかな水や氷の透き通ったさまを観想する水想、以下極楽の大地のさまを観想する地想、樹木の茎・枝・葉・果などを見る樹想などと続き、浄土の観想方法が示される。

「十六相讃」の発見

中国ではこの『観無量寿経』による十六観を讃える詩がいくつも作られ、保胤もそれにならった。これが源信によって自身の『往生要集』とともに遺宋されたのである。わが国の水準も中国に劣るものでないことを誇示する意図があったのであろう。

さて「十六相讃」は、書名は伝えられながら早く散逸して内容を知ることができなかったが、昭和二十四年（一九四九）滋賀県坂本の真如蔵《しんにょぞう》から古写本が発見され公刊された（佐藤哲英「慶保胤の十六相讃」）。首題に「西方極楽世界十六想観画讃《さいほうごくらくせかいじゅうろくそうかんがさん》」とあるからこれが正式の名称であろう。そうだとすれば今は失われてないが、本来は十六想観の画が描かれその画に付されたものであったと思われる。また首題に続き撰号が「朝散大夫行大著作《ちょうさんだいふだいちょさく》郎《ろう》慶保胤文」と記されている。朝散大夫は従五位下、大著作郎は大内記の唐名（唐風の呼称）である。これを執筆時の署名とすれば出家以前の作となる。池亭で作られたものであろう。

「十六相讃」の内容

和讃には千観の「極楽国弥陀和讃《ごくらくこくみだわさん》」があり源信も「八塔和讃《はっとうわさん》」を作ったとされるが、保胤の「十六相讃」は十六観のそれぞれに七言の漢詩を付して讃嘆した漢讃《かんさん》で、仏色身《ぶつしきしん》観のみ八句でほかは四句である。十六観の名称は、日想観・水想観・地想観・宝樹観・宝池観・惣想《そうそう》観（宝楼《ほうろう》観）・花座《けざ》観・三尊観（像想観）・仏色身観（真身《しんしん》観）・観世音観・得大《とくだい》勢《せい》観（勢至《せいし》観）・普想《ふそう》観（普観）・雑想観・上品三生観（上輩観）・中品三生観（中輩観）・下品三生観（下輩観）である。中国のものには見られない保胤独自の観名もある。三尊観や仏色身観がそれであるが、なんといっても最後に心観を加えている点が特徴的で、これも数えれば十七観になる。

先に「九品蓮台の間には　下品といふとも足んぬべし」の句を引いたが、その下品三生観と心観を以下にあげる（原漢文。訓読は佐藤哲英論文、傍訓は一部付加改訂）。

下品三生観

下品《げほん》の三生《さんしょう》、極楽の人は　四重五逆《しじゅうごぎゃく》、命、殞《おち》んとするに
善知識《ぜんちしき》に遇《あ》いて初めて仏を念じ　化仏菩薩《けぶつぼさつ》ともに誘引したまえ

心観

弥陀の悲願、思議《しぎ》しがたし　観音勢至もまたかくのごとし
願わくは三界四生《さんがいししょう》の類をして　九品《くほん》に往生せしめて一も遺《のこ》さじ

四　花山朝政と保胤

花山天皇の後見人

永観二年（九八四）八月二十七日、十七歳の師貞親王《もろさだ》（花山《かざん》天皇）が践祚《せんそ》し、十月十日に即位式を行う。花山天皇は冷泉《れいぜい》天皇の第一皇子として安和元年（九六八）十月二十六日に誕生、

母は一条摂政伊尹《これまさ》の娘懐子《かいし》である。懐子の父伊尹と母恵子《けいし》女王（醍醐天皇孫、代明《よしあきら》親王娘）の間には挙賢《たかかた》・義孝《よしたか》・義懐《よしちか》・懐子らの子があった。このうち外祖父伊尹は天禄三年（九七二）に没し、母懐子も天延三年（九七五）に薨去していて天皇即位時にはすでになく、二十五歳の挙賢と二十一歳の義孝は天延二年の秋、ともに疱瘡に罹り相次いで没している。したがって花山天皇の即位時に身内の後見人として生存していたのは、叔父義懐と祖母恵子女王しかなく、前途の多難はだれの目にも明らかだった。

花山朝政の前途多難

新天皇の叔父であることにより、義懐は政界に急浮上する。官職が参議以上で位階が三位以上の上流貴族を逐年編集した『公卿補任《くぎょうぶにん》』を見ると、永観二年（九八四）正月に従四位上、天皇践祚の八月二十七日に蔵人頭《くろうどのとう》、九月二十四日右中将、即位の十月十日に従三位に叙されて、最末の非参議としてはじめて公卿の仲間入りを果たす資格を得、同月十七日には正三位と目覚ましい昇進を遂げている。時に義懐二十八歳。この新参者の異常な栄達を、苦々しく思う者がいるのは当然であろう。

これに対して関白太政大臣藤原頼忠《よりただ》六十一歳、左大臣源雅信《まさのぶ》六十五歳、右大臣藤原兼《かね》家《いえ》五十六歳らの長老たちが、前朝以来の重鎮として存在感を示していた。『公卿補任』頼忠の項には、「公事《くじ》（朝廷の政務）に従わず」と特記されている。これは非協力により新政権に無言の圧力をかけたことを示している。また同年に兼家の長男道隆《みちたか》も従三位の非参議としてはじめて公卿の列に加わり、八月二十七日に春宮権大夫《とうぐうごんのだいぶ》に任じられている。春宮（東宮＝皇太子）は兼家娘詮子《せんし》が生んだ懐仁《やすひと》親王（一条天皇）であり、次期天皇を睨《にら》んでの布石であることはいうまでもなく、事実、二年後に事態はそのように進行する。

花山朝政と義懐・惟成

十七歳の新天皇と二十八歳の義懐を補佐したのは右大弁藤原惟成《これしげ》であった。儒官雅材《まさき》の息子で保胤・有国と同年の四十二歳と推定されることはすでに述べた。順風とはほど遠い政情の中での、一種興奮した心情につき動かされての登場ではあったが、五位の蔵人として弁官と衛門佐《えもんのすけ》の要職を一身に兼ね（これを三事兼帯《さんじけんたい》といい大変名誉なこととされた）、それなりに清新の気に満ちた施策を講じた（今井源衛『花山院の生涯』）。早速、十一月には破銭を嫌うのを禁じ、新立荘園の停止といった政策を打ち出している（『日本紀略』永観二年十一月六日条、同二十八日条）。『江談抄』（第二）に、円融院の末は朝政がはなはだ乱れたが、花山院の時代には大いに正しい姿にかえった、これはひとえに惟成の力によるものであるとあり、また『大鏡』（伊尹）にも、花山院の時のまつりごとは、ただ義懐と惟成が行ったので大変めでたかったなどと記されているが、実際は薄氷を踏むがごとき危険をはらんでいた。また深刻な経済状況が詔ひとつで簡単に打開されるわけもなく、事実、銭貨の流通を促進しようとする政策は、一条朝になっても重ねて発令されている（『日本紀略』永延元年十一月二日条、同二十七日条）。

花山朝政と浮沈を共にせず

保胤が惟成と近い関係にあったことは先に触れた。藤原有国が保胤と惟成を「旧日の詩友」といい、紫式部の父藤原為時もまた、惟成・菅原資忠《すけただ》・保胤の三人がともに具平親王の書閣の宴席に陪席していた、と詩序中に語っていることなどである（『本朝麗藻』懐旧部）。ただし花山新政と保胤の関係は、内記としての立場が基本で、これに惟成との交遊が若干加味されているといった程度のものであろう。少なくても政権と浮沈を共にするほどの政治行動も、志や覚悟も、それを物語る史料は残されていない。政権発足当初の破銭・荘園政策に関わる詔勅の作成に、かれが関与した形跡はない。保胤にとって詩文の友であることと政治行動とは別ものだったのであろう。十二月八日、大内記とあわせて内御書所《うちのごしょどころ》覆勘《ふくかん》も兼務することになったが、以後出家まで、大過なく職責を果たそうとした二年間であったと考える。以下、内記保胤の足跡をたどってみる。

恵子女王に封戸年官年爵を充てる勅

十二月十三日、花山天皇の外祖母恵子女王に封戸《ふこ》三百戸と年官年爵を充《あ》てる勅を作った。その内容は、天皇はわずか八歳で母懐子を失い、以後、祖母恵子の養育により現在に至るが、いまだその恩に報いるに母のごとくにはしていない。祖母はすでに出家して尼となり仏道に専念しているから、食封《じきふ》三百戸・年官年爵などといった塵俗《じんぞく》の風は、かえってその妨げになるかとの心配もあろうが、そうではない。一つは湯沐《とうもく》の資として、一つはそれに従事する輩に与えるのである、といった趣旨である。

封戸は食封と同義で、封戸から徴収する田租《でんそ》と調《ちょう》・庸《よう》などを封主に与える給与のこと、年官と年爵は年給の一つで、天皇や院宮などの給主が官職や爵位について希望者を推挙し、代価として任叙料をとる制度である。いずれも祖母恵子に対する経済的配慮を意味している。

水旱により封事を奉らせる詔を作る

暮れも押し迫った十二月二十八日、広く公卿以下の官人や儒士らに封事《ふうじ》を奉らせる詔を作った。封事とは諸臣が政治上の意見を密封して提出することで、太政官の少納言が受理しこれを開封せず天皇に奏上した。延喜十四年（九一四）の三善清行《みよしのきよゆき》の意見（十二箇条）は、しばしば教科書にも採りあげられ、よく知られている。保胤に近い時代のものとしては、天暦十一年（九五七）の菅原文時《ふみとき》の意見（三箇条）もある。保胤が作ったのは、このような意見の奏上を命じる詔である。

意見を奏上させる趣旨

意見を求める詔の内容は、概略、以下のようである（『本朝文粋』巻二）。

近年水害や旱魃《かんばつ》の災いがしばしば起こり、人々は土木の役に苦しみ、米蔵は空になり、田畑が荒廃しているが、対策をどのようにたてればよいのか。しかし天皇一人の耳目《じもく》ではことごとく天下の声を聞くことができず、国内のありさまを見ることもできない。そこで君主はたとい耳に痛い諫言《かんげん》をも聞き入れることを第一とし、人臣もまた善言を進めることをその任とすべきである。それを大臣は禄《ろく》を失うことをおそれて君主を諫《いさ》めず、身分の低い臣下が罪をおそれて口をつぐむようなら、下の情《こころ》は上に通じるはずがない。これが国家にとって最悪の患いである。されば公卿大夫以下の上下、封事を奉り朕《ちん》の及ばざるを助けよ。朕はいかなる言葉や意見も聞き入れよう。

太政大臣藤原頼忠の不快

この詔書案は、作成日時の二十八日に左大臣源雅信により読み奏された。ところがこの詔草案にクレームがついた。太政大臣藤原頼忠が、詔中に不快の文字があると言って、その由を天皇に申し入れた。天皇はたしかなことは知らないと応じたが、詔書がまだ中《なか》務省《つかさしょう》に下っていなかったので、その文を削除すべく蔵人惟成をして左大臣源雅信に仰せ遣わされた。おそらく詔書の内容が一部訂正されたのであろう。発布前とはいえ、汗のごとき綸言《りんげん》が、重臣の一撃によりかくも簡単に覆《くつがえ》ったのである。

以上は蔵人頭として花山天皇の側近に侍し、詔書発布のプロセスにもかかわっていた藤原実資《さねすけ》が、その日記『小右記』（永観三年正月五日条）に記すところである。草案のどの部分が、どのような理由で頼忠の気に障ったのか、一切不明なだけに不気味である。現在目にすることができるのは、日付はもとのままだが、草案ではなくクレーム後のものであろう。保胤がこのわが身に降りかかった事件をどう受け止めたか。一介の内記にすぎない保胤にとって、おそらくはじめて味わった政治世界の現実であっただろう。そうでないにしても、残された記録からは、保胤に関わるこうした生々しい事実は他に見当たらない。それほど実務的とも打たれ強いとも思われない保胤が、花山朝政の前途に不安を覚えたであろうことは、想像に難くない。

永観改元の詔を作る

保胤が内記としての職務上作った公文書としては、永観元年（九八三）四月十五日の改元詔が、残っているものとしてはもっとも古い（『本朝文粋』巻二）。円融朝政下のものだが、次の花山朝政下での寛和改元詔も作っているので、併せてここで説明しよう。

永観改元の理由は前年の旱魃による作物の不熟と、同じく前年の内裏の炎上にあった。円融天皇は、安和二年（九六九）に即位して以来十五年、薄徳をもって皇位についていたことが災異の原因であるとして、改元を命じたのである。前年の旱魃に対しては、同年七月十六日に丹生《にう》・貴船《きぶね》社へ祈雨奉幣使《ほうべいし》が派遣され、同十八日よりは神泉苑《しんせんえん》で七日間の請雨経法《しょううきょうほう》が修されている。しかしその甲斐もなく旱魃を回避できなかったのである。

一方の内裏炎上は、十一月十七日夜発火、天皇と中宮藤原遵子《じゅんし》は各所を転々とした挙句《あげく》、職曹司《しきのそうし》に難を避けている。内裏の火災は二年前の天元三年（九八〇）十一月二十二日にも起きていて、采女町《うねめまち》・御書所《ごしょどころ》・桂芳坊《けいほうぼう》などを残し諸殿舎ことごとく焼亡している（以上『日本紀略』）。かくして円融天皇の天元六年（九八三）は、四月十五日をもって永観と改元されたのである。

寛和改元の詔を作る

永観三年（九八五）四月二十七日、寛和と改元されるが、保胤は寛和改元の詔も作っている。改元の理由は花山天皇の即位によるものである。即位後二年（実質は八ヵ月）、旧例にならって改元したものである。

代始め改元の近例をあげれば、前天皇円融の即位は安和二年（九六九）八月十三日で、翌三年三月二十五日に天禄と改元（改元詔書の作成は右少弁藤原雅材）、また花山の後では、一条天皇の寛和二年（九八六）六月二十四日の即位を受けての永延改元（九八七）がある。

改元定《かいげんさだめ》は大納言源重信が奉行したが、まずは蔵人左衛門権佐惟成を召して改元の由を奏させ、次いで大内記保胤を召して詔書の草を作らせた。詔書草は奏覧を経て清書されたものが惟成によって天皇に取り次がれ、御画日《ごかくじつ》（天皇が承認した旨を示す日付の一部）を終えて返給された。これより先、四月中改元の例、納言が奉行の例を外記に調べさせ、昌泰改元（八九八）がそれに叶う旨を報告させている（『改元部類』承平―寛治）。「旧例にならう」の一端が垣間見えて興味深い。

六波羅蜜寺供花会に詩序を作る

洛東の六波羅蜜寺が「講の寺」として、法華講・供花《くげ》会《え》・菩提講・迎講《むかえこう》といった講会を催し、広く上下に教線を浸透させていたことについては前に触れた（第二の三）。その一つ供花会に保胤は参会し、世間に知られた勧学会《かんがくえ》や極楽会《ごくらくえ》が講経の後に仏を讃嘆する詩を作るのにならい、この供花会でもそれを目的に詩を作ろうと提案し、満座の許諾のもと推されて唱首《しょうしゅ》となり詩序を残している（『本朝文粋』巻十）。内記としての公務ではないが、五位昇叙の時期に関わる記述を含み、また年次の関係からここで触れておこう。

六波羅蜜寺供花会

供花会の趣旨は以下の句が要約するように、すべての衆生を救済しようとするに尽きる。一切の男子を引導《いんどう》し、一切の女身を済度《さいど》し、一切の童子を救済し、一切の僧侶を教化《きょうか》する、と言葉を変えてはいるが目的は同じであろう。

暮春三月、百花争ひ開くとき、別に四日八講を修し結縁《けちえん》供花会《くげえ》と号す。その一日は一切の男子を導かんが為め、二日は一切の女身を度《ど》さんが為め、三日は一切の童子を済《すく》はんが為め、四日は一切の僧侶を化《け》さんが為め也。大いなる哉《かな》誓願。得てこれを称する無し。

この会に集った僧俗が語り合い、『法華経』方便品《ほうべんぼん》中の一称《いっしょう》南無仏《なむぶつ》という一句を詩題とした。経には、乱れた心でも、ただ一度でも念仏すれば成仏するとある。まして一心に千唱し万唱するにおいては成仏疑いなし、と了解し讃仏の詩を作ったのである。

詩序作成の年次

詩序中に、供花会は「開講すでに八九載になんなんとす」とある。「八九載（歳）」という曖昧な表現であるから、詩会がいつ行われたかを正確に特定するのは困難だが、おそらく寛和元年（九八五）か翌二年の暮春（三月）であろう。空也没後この寺に中信《ちゅうしん》という僧が来住し、堂舎を建立し法会を興隆させ、寺名を西光寺《さいこうじ》から六波羅蜜寺と改める。その来住は『六波羅蜜寺縁起』（伏見宮家九条家旧蔵『諸寺縁起集』所収）に貞元二年（九七七）とある。供花会の創始をこの年におけば、八〜九年後は寛和元〜二年となる。

保胤五位内記

詩序中の末尾近くにみずからを「朱衫《しゅさん》を紆《まと》へる者……身は暫《しばら》く柱下《ちゅうか》にあり」としている。朱色の衫（衣）をまとえる者とは五位の位階のものを指す。「衣服令」に五位の服の色を浅き緋《あけ》の衣、六位は深き緑の衣と規定している。柱下は内記のことである。天元五年（九八二）十月作の「池亭記」には「出でては青草の袍《ほう》有り」とあるから六位の内記であったが、この詩序では五位の内記と自称している。六位から五位への昇叙は、「池亭記」執筆の翌永観元年（九八三）から出家の年の寛和二年（九八六）三月までの間に限定される。

さらにもし永観二年八月の花山朝政の開始と保胤の叙爵を結びつけて考えることが許されるなら、叙爵後の最初の三月は寛和元年となる。保胤叙爵の面からしても、六波羅蜜寺供花会の時期は先の推定と大きく食い違うことはない。

尊子と恀子の追善願文を作る

寛和改元後間もない六月と閏八月に、保胤は相次いで卒去した円融天皇妃尊子《そんし》と花山天皇女御恀子《きし》のための四十九日の願文を作っている。尊子は花山天皇の姉で五月二日に、恀子は同天皇の女御で七月十八日に没した。高貴な女性のための追善願文《ついぜんがんもん》の例として、いずれも『本朝文粋』（巻十四）に収められている。女性のための追善願文は、空海や菅原道真や大江匡房の作に少なくないが、これらもまたその中の一つである。

尊子のための追善願文

尊子四十九日のための願文は、対象が后妃である点において貴重である。原文の香気は失われるが、その大意は以下のごとくなろう。

尊子内親王は今年五月、にわかにお隠れになった。内親王は十五歳で入内《じゅだい》したが、かねてより悟りを得ることを期し、俗塵を遁れようとお考えになっていて、明け暮れに『法華経』巻五の提婆品《だいばぼん》を読み、少しの時間でも阿弥陀如来を念じていたが、ついに去る月十九日、故延暦寺座主《ざす》大僧正良源を戒師として出家入道なさった。内親王は冷泉天皇の娘、円融天皇の妃、花山天皇の姉で尊貴の身分、また美しく妙齢でもあるから出家の理由が見当たらない。

この四十九日の法事に当たって、白銀の阿弥陀像と観音・勢至の菩薩像を造り、金字の『法華経』、開結《かいけつ》二経、『阿弥陀経』、『転女成仏経《てんにょじょうぶつきょう》』、『般若心経』を書写し、法性寺《ほっしょうじ》において供養し奉る。敬白《けいびゃく》。

尊子の前半生

尊子内親王は康保三年（九六六）の誕生、同母弟花山天皇の二歳姉である。安和元年（九六八）三歳で賀茂社に奉仕する斎院《さいいん》となり、天延三年（九七五）十歳のとき母懐子の喪にあい退下した。天元三年（九八〇）十月二十日、十五歳で円融天皇の妃として入内し麗景殿《れいけいでん》に参候した。円融天皇は冷泉天皇の同母弟で尊子の叔父にあたる。妃ではなく女御とする記録もあるが、それは誤りで妃である。先の追善願文にも妃と明記されている。入内して間もなく内裏が火災に遭い、有力な後見を欠く尊子は、人々に「火《ひ》の宮《みや》」（『大鏡』巻三、太政大臣伊尹）と揶揄《やゆ》されたという。これは妃《ひ》と火が同音であることによる懸詞《かけことば》で、「火の宮」に「妃の宮」の意味を込めたのである（今西祐一郎「「火の宮」尊子内親王―「かかやくひの宮」の周辺―」）。ところが天元五年四月八日突然剃髪《ていはつ》する。人に知らせずひそかに剃髪したといい、邪気の致すところとも年来の本意とも噂された（『小右記』同月九日条）。剃髪の理由として、その日が尊子の母方の叔父光昭の初七日にあたる点に注目する説もある（速水侑「摂関期文人貴族の時代観」)。

尼削ぎ

また髪は額髪《ひたいがみ》ばかりを切り完全剃髪（尼削《あまそ》ぎ）したわけではなかったようだ。髪の切り方に注目すれば、これは授戒を伴う正式の出家ではなかったと思われる（勝浦令子「尼削ぎ攷」）。専門の宗教者としての尼僧になるわけではないが、みずから額髪ばかりを切って信心のほどを示したのであろう。尊子が延暦寺座主良源《りょうげん》を戒師として正式に出家するのはその後である。

受戒の時期

願文は良源による授戒を「去月《さんぬるつき》（先月）十九日」とするが、これは書写の過程で生じた錯簡であろう。なぜなら良源は、世に元三大師《がんさんだいし》と呼ばれるように、永観三年（九八五）正月三日すでに没しており、前後矛盾するからである。これを「去年（永観二年）某月十九日」とする説（山田孝雄『三宝絵略注』）、または天元六（永観元）年三月二十二日の円融寺供養会前後を想定する説もあるが（速水侑「摂関期文人貴族の時代観」）、正確には不明である。

三宝絵

永観二年十一月、源為憲により『三宝絵』が献呈された。皇妃の身分でありながら世を厭い蓮《はす》の台《うてな》に生れようとする信心をたたえ、その心をいっそう励まそうと、為憲は仏の教えを六波羅蜜《ろくはらみつ》に約し、それをジャータカ（釈尊の前世における成仏を目指してのさまざまな善行）をもってやさしく示し教えた。六波羅蜜とは菩薩が行う実践項目で、檀《だん》（布施）・持《じ》戒《かい》・忍辱《にんにく》(耐え忍ぶこと)・精進《しょうじん》・禅定《ぜんじょう》・般若《はんにゃ》(智慧《ちえ》)の六である。絵も添えられていたようだ。この書にいざなわれたか、半年後の翌年五月二日、二十歳の尊子は極楽浄土に旅立った。

女人成仏

願文によれば、尊子は朝夕に『法華経』巻五の提婆品を読み、少しの時間でもあれば阿弥陀如来を念じていたという。提婆品(提婆達多品)は提婆達多のような悪人でさえも成仏できると説き、さらに五障《ごしょう》の身の女性も成仏が可能としている。五障とは梵天《ぼんてん》王《おう》・帝釈天《たいしゃくてん》・魔王《まおう》・転輪聖王《てんりんじょうおう》・仏になれないことをいう。「障」の字がわかりにくいが、サンスクリット語原典の現代語訳「地位」に置き換えれば理解しやすいだろう(岩波文庫『法華経』)。ところが提婆品には女人でも成仏できるとし、女人救済を保証している。もっとも八歳の竜女(娑竭羅竜王《しゃがらりゅうおう》の娘)が変成男子《へんじょうなんし》(女が男に変わること)して成仏するという設定であり、信心が浅い者には理解しにくい話法である。しかし巻五(提婆達多品)は女人成仏の聖典として広く普及していた。

転女成仏経と転女身経

この日供養された経典は『法華経』八巻のほか、『無量義経』『観普賢経』の開結二経、『阿弥陀経』、『転女成仏経』、『般若心経』各一巻であった。文脈上注目されるのは転女成仏、つまり変成男子を題意とする経典『転女成仏経』である。この経典は、平安時代

一切の女身は、是れ皆三世の仏母

から室町時代にかけて、女性の逆修や追善供養などに際し、『法華経』以下の経典とともにセットでしばしば登場する。『転女身経《てんにょしんきょう》』と同じ経典とされ、『大正新脩大蔵経《たいしょうしんしゅうだいぞうきょう》』第十四巻（経集部一）に『転女身経』の名称で収められている。ところが最近、この二つの経典が同一かどうかは疑わしいと疑義が呈されている。

大江匡房が応徳二年（一〇八五）八月二十四日の逆修願文の中で、「転女成仏経は、婦人の身をもって、諸仏の母と称す」と言っているが、この文言が『転女身経』のどこにも見当たらないのである。一方、『転女成仏経』は経典名が知られているにもかかわらず、実物はわずかに東京国立博物館と東京大学史料編纂所に残る二点が知られるだけである。『転女身経』と比較すると同一の部分はなく、しかも「一切の女身は、是《こ》れ皆三世《さんぜ》の仏《ぶつ》母《も》」（原漢文）の文言はあって、匡房作の願文に共通する。このような事実から両経は別の経典で、あるいは『転女成仏経』は偽経である可能性もないことはない、とされる。その真偽のほどは今後の検討にまつとして、平安末期の寿永元年（一一八二）、有名な安居院《あぐい》流唱導《しょうどう》の祖澄憲《ちょうけん》が「一切女人《にょにん》ハ三世諸仏真実《しんじつ》之《の》母《はは》也」（『玉葉《ぎょくよう》』同年十一月二十八日条）と説法して、藤原（九条）兼実《かねざね》を大いに興がらせたことをみても、東博本と同系統の『転女成仏経』が貴族社会に広く流布していたことは事実である（西口順子「『転女身経』と『転女成仏経』」)。

女御忯子の死

もう一つの忯子の追善願文も尊子と大同小異である。花山天皇女御忯子は寛和元年（九八五）七月十八日に没し、閏八月二日にその四十九日の法要が法性寺《ほっしょうじ》で行われた。忯子は大納言藤原為光の二女、姉は義懐の妻である。花山天皇即位直後の永観二年（九八四）十月二十八日に入内、十一月七日女御となり弘徽殿《こきでん》を曹司《そうし》とした。おそらくは義懐の政略による入内であろう。義懐にとって大納言為光は舅であり、右大臣兼家は為光の兄である。義懐は為光を突破口として敵陣営の切り崩しをはかろうとしたのであろう（今井源衛『花山院の生涯』）。それはともかく、以後の短い生涯は『栄花物語』（巻二「花山たづぬる中納言」）に詳しい。花山天皇の寵愛は他に勝りやがて忯子は懐妊するが、里邸《りてい》に下がってから体調不良になり、天皇からの御修法《みすほ》をはじめとする手厚い祈禱の甲斐もなく、いっそう不調の度は増す。それにもかかわらず天皇は参内を強く求め、その非常識に対する口さがない女房達の噂と冷視のなか、為光・忯子の父娘は一日二日ならばと、やむなく応諾する。しかるに七・八日も止められ、ために里邸に下がってもますます悪化して、懐妊八ヵ月（『小右記』は七ヵ月）の寛和元年七月十八日に卒去した。

為光の悲嘆

最愛の娘を喪った父大納言為光の悲嘆と狼狽は並大抵ではなかった。『栄花物語』には、いずれは后に為《な》し奉ろうと思っていたのにと「伏しまろび泣かせ給」い、忯子の遺骸を乗せた柩車《きゆうしや》の後を「倒れ惑《まど》ひ」ながら歩いたとある。この為光の悲哀を保胤は代弁した。願文の末尾は年月日に続けて、「弟子正二位行大納言兼春宮大夫藤原朝臣為光」と結ばれるから、願主は為光である。大意を以下に摘記する。

忯子のための追善願文

命あるものは必ず滅びる。これは自然の理である。弟子には一人の愛娘がいた。宮中に進めて女御となり、帝の寵愛は他に愧《は》じず。やがて懐妊して里に下がったが、病患におかされ七月不帰の客となった。愛するものとの別離は片時でも千秋と感じるのに、一夕相別れて老の涙にくれること四十余日。ここ法性寺での四十九日の法事に、法華曼荼羅《ほつけまんだら》を図絵し『法華経』『阿弥陀経』『般若心経』等を供養する功徳をもって、上品でも下品でも極楽の蓮台に往生させ、わが娘をかの竜女《りゆうによ》のように成仏させよう。願わくば仏、罪の有無によらず、必ずわが娘を救い給え。敬白。

世の不安と天皇の道心

こうしてまた花山天皇の近親がこの世を去り、義懐の思惑も外れがちであった。天皇の悲嘆は一通りでなく、加えて翌寛和二年は怪しげな物のさとしがしきりと起き、世の中の人が大いに道心を発して、尼や法師になる者が多いとの噂が立った。事実、何人かの皇族や上流貴族の出家するものがあり（ほかならぬ本書の主人公保胤も四月二十二日に出家している)、このような状況が天皇の不安と動揺を助長したのであろう。

厳久の教唆と天皇出家

さらに僧厳久《ごんく》が「妻子も珍宝も王位も、命終の時に臨んで随うものなし」(『大方等大集経』第十四虚空蔵菩薩所問品の一句)などと説経したことも、天皇の道心を揺り動かしたようだ。ついに六月二十二日の夜(諸書は二十三日暁)、突然、ひそかに花山寺《かざんじ》に出家した。

以上は『栄花物語』による。厳久の説経は教唆《きょうさ》に近いが、ただかれは生涯花山院に寄り添ってもいて、忠義も怠らない一面も有していた。

兼家・道兼の策謀

『大鏡』(巻一、花山院)はこれとは違い、花山天皇の動揺に兼家三男の道兼が巧妙につけ入り、出家に追い込んだという説明をしている。より政治性の高い事件としての扱いといえる。月明かりに「余りに明る過ぎて気が引ける」と躊躇《ちゅうちょ》する天皇に対し、すでに三種の神器のうち神璽《しんじ》と宝剣が皇太子(一条天皇)に渡っておりますので早くと言って急《せ》かし、また花山寺まで同道しながら、親に最後の暇乞《いとまご》いをしてまた戻りますと嘘をつき逃げ帰ったことなどに明らかであるが、さらに内裏より花山寺に向かう途中、陰陽《おんよう》師《じ》安倍晴明の屋敷の前を通る際に、晴明みずからの声で「帝がご退位されたとみえる天変があったが、すでにご退位のことはすんでしまったようだ、内裏に参って奏聞しよう」と言うのが聞こえたとある。事は決しているのだ、と天皇に悟らせるための手の込んだ策略であろう。『大鏡』によれば、陰陽師までも動員した兼家・道兼父子らによる周到に練られた事件であったことになる。

第六　沙門寂心

一　心覚から寂心へ

花山朝政への不安

要するに花山朝政の始終は、実力者の老練な権謀術数に翻弄され続けたわけで、政権担当者の政治的な未熟さによる将来への不安は、その中枢にいた藤原義懐《よしちか》・惟成《これしげ》との公私を通じた関係を思うにつけ、保胤の胸中に急速に高まってきたものと推測される。ともに沈むわけにはいかないと思えば、下船するより策はあるまい。無難に船を下りるには、大見得《おおみえ》を切らず、政治性を稀薄にするのが肝要で、それには出家が最適である。むろん保身や打算ばかりでなく、保胤にはもともと浄土信仰という大義名分がある。仏法讃嘆の詩作、往生伝の編纂、十六相讃の作成といった実績がある。五位内記《ないき》の位官を辞して池亭で念仏生活を送る、情況の分析と浄土信仰、両両相俟って後半生の選択肢が眼前に浮上してきた。

具平親王書閣の詩宴に出席

寛和《かんな》二年（九八六）春、具平《ともひら》親王の書閣において詩宴が催され、藤原惟成・菅原資忠《すけただ》・藤原為時《ためとき》らとともに保胤も陪席した。いずれも親王を中心に形成されていた一種の文芸サロンのメンバーである。『類聚句題抄《るいじゆうくだいしよう》』に「風度《わた》りて春の意《こころ》を諳《そら》んず」の題で親王・惟成・為時・保胤の詩を収めている。資忠の作が見られないので確証はないが、あるいはこの時の作かともされる。翌年、この詩宴を回顧し親王が詩を作って為時に送り、為時もそれに和して長文の詩序と七律の詩を作った。

その為時の詩序に、保胤が親王属文（詩文をつづること）の始めから長く侍読《じとう》として儒学をもって仕えたこと、七八年来、都の才子で詩人を論じるものは惟成・資忠・保胤の三人を第一の先達としていること、しかしそれからわずかな間に、保胤と惟成は出家し資忠は他界してしまった、彼らの作品は残っているのに、その作者は忽然《こつぜん》と去ってしまった、と述懐している。

保胤と惟成は同年のそれぞれ四月二十二日と六月二十四日に出家し、資忠は翌年五月二十一日に没している。保胤にとっては出家直前の詩宴であったことになるが、それと窺わせる兆候は見られない。為時が「その人忽然と去る」と詩序中に詠じているような出家だったのだろうか。

源為憲、惟成の出家に詠ず

三人のうち惟成については、寛和二年（九八六）の秋、源為憲《ためのり》が「秋の夜、月に対《むか》いて入《にゅう》道尚書禅公《どうしょうしょぜんこう》を憶《おも》う」の題で七言詩を詠じている。尚書は弁官の唐名で、出家入道した惟成を指す。その主旨は、去年の秋、君と語り合った夜、宮中飛香舎《ひぎょうしゃ》の月は明るかった。今夜、君を憶《おも》い静坐する教業坊《きょうぎょうぼう》（平安京左京三条の坊名）で見る月も清らかだ。月は満ちても欠けても変わらないが、人は時が過ぎればもとのままではない。私の衰えたあごひげはすっかり白くなり月の光と区別がつかなくなった、私（為憲）は君（惟成）より二歳年長なのだ（「行年を君に比すれば、二年の兄なり」）と詠っている。

無粋な史学の徒には、為憲の惟成に対する憶いもさることながら、この詩の末尾――二人の年齢差ばかりが気になるが、これについてはすでに触れた（第一の一）。

心公に贈る古調詩

保胤に関しては具平親王が四十八韻《いん》九十六句、五百文字を越える長大な詩を作っている。「心公《しんこう》に贈《おく》る古調詩《こちょうし》」である（『本朝麗藻』巻下、仏事部）。親王の目を通して、保胤の履歴や信仰、親王と源信《げんしん》の親密な関係などが詠われており、親王と保胤の身分を超えた師弟関係の深さが知られる貴重な記録である。正確な詠作の時はわからないが、出家後、そう遠くない時期であろう。歴史史料としても有用で、これまでにも随時援用している。煩雑を恐れずあらためて概略をたどってみる。

まずは、保胤が親王の侍読として熱心に訓導を垂れて十五年の歳月が経ったこと、師弟の関係はますます固く金石にも勝ると詠じることから始める。

次いで、保胤が対策及第し、やがて内記としてその才名を揮《ふる》い、中国の名だたる文人にも比せられるほどと讃えられる。すなわち、文章の気魄は司馬相如《しばしょうじょ》の賦かと思われ、論文の道理は桓子《かんし》の論にも過ぎる。詩の韻律は古い潘岳《ばんがく》や謝霊運《しゃれいうん》にたぐい、格調は新しい白楽天《はくらくてん》や元稹《げんじん》にも等しい。博達は古今に通暁《つうぎょう》し、識鑑は天地に明らかである、と。

ところが身は空なりと観じた保胤は、世の喧噪《けんそう》を避けて出家してしまった。一人山家に坐す保胤と別れて後、親王は日々を重ねることになる。すでに出家してその慈悲と戒行をもって世を感化しつつある師に対して、親王もまた『法華経』を持し菩提の道に衆《しゅ》生《じょう》を導きたいと決意する。

保胤・源信・具平、弥勒信仰を共有す

常に師保胤の前後に随うこと兄弟のごとくありたい。師は在俗の日つねに念仏し、言談のひまには瞑目して弥陀の仏号を唱えていた。同様に私にも往生浄土の願があった。願わくはともに極楽浄土に往生せんことを。師と天台の源信師はともに弥勒菩薩に遇うための業を修しており、私もこれに与《あず》かった。願わくはともに弥勒菩薩に謁《まみ》えんことを。

これに次いで、地獄の罪人の罪をことごとく軽減し、亡者を苦痛から解放し、世々に

保胤出家時の和歌

師弟となり、迷いの世界の衆生を教化して法悦《ほうえつ》の食を与えよう、私は未来永劫この言葉を誓って忘れはしない、と結ばれている。

他人による叙述ではなく、保胤自身はおのれの出家をどう書き残したのか。

保胤が出家したのは寛和二年（九八六）四月二十二日である。『日本紀略』同日条に「大内記従五位下慶滋保胤出家」とあり、諸書も同じ説をとる。いずれも二次史料で直接の証拠にはならないが、今はこれに従っておく。

保胤みずからが出家の経緯や理由を詳しく語ったものは少ないが、次の一首はその時の心境を詠んでいて参考になる（『拾遺和歌集』巻二十、哀傷）。

法師にならむとて出でける時に、家に書き付けて侍《はべり》ける　　慶滋保胤

憂《う》き世をばそむかば今日もそむきなむ　明日もありとは頼むべき身か

保胤の和歌はわずか四首しか残っていない。そのうちの三首は三条左大臣藤原頼忠《よりただ》主宰の前栽歌合《せんざいうたあわせ》の折のものであるから（第四の二）、この一首は貴重である。歌意は説明の要がなかろう。今をおいて出家の時はないという決意が素直に伝わってくる。また歌を「家に書き付けて」周囲に伝達するという仕掛けも、いかにもありそうでわかりやすい。大江匡房《まさふさ》も「子息が成人するのを待って出家した」と記すように（『続本朝往生伝』）、発作

的な出家ではなく、おそらく家人《かじん》とはよく話し合っての行動であろうが、その形跡は知られない。否、家人の存在自体がよくわからない。絵になる詩人の出家には無用の詮索だろうが、気にはなる。

神宮寺北野寺

和歌以外で保胤の出家を証するもっとも早い時期の史料は、みずからが出家の事実を語った「菅丞相《かんじようしよう》の廟に賽《かえりもうし》する願文《がんもん》」（『本朝文粋』巻十三）である。菅丞相の廟とは右大臣菅原道真《みちざね》を祭神とする北野天満宮のことである。かつて文道の祖、詩境の主と仰いだ天満天神《てんまんてんじん》に報賽《ほうさい》したときの願文で、出家後三ヵ月、寛和二年七月二十日の日付を付している。

この願文は、保胤の出家直後の行為ばかりでなく、この時期の北野天神社や天神信仰の事実が推知される、短いが貴重な記録でもある。

まず保胤はこの願文を、「沙弥心覚《しやみしんがく》、前《すす》んで仏に白《もう》して言《もう》さく」と、仏に対して申し上げる文言で始めている。道真の廟社に詣でながら仏に申すとは不可解だが、以下の理由によるものだろう。北野社には北野寺と称する寺があった。いわゆる神宮寺である。この願文の十年ほど前、寺の創建者である僧最鎮《さいちん》と寺司の増日《ぞうにち》という僧が同寺の経営をめぐって争っていた。そこで貞元《じようげん》元年（九七六）に氏長者《うじのちようじや》の菅原文時が、大宰府天満宮の神宮寺である安楽寺の例にならい、寺僧ではなく氏人をもって管理するようにしてほしいと奏上し、これを認める太政官符《だじょうかんぷ》が出されている（「最鎮記文《さいちんきぶん》」『群書類従』）。天神の託宣をうけた多治比奇子《たじひのあやこ》なる女性が自宅に天神をまつる祠《ほこら》を作ったのが天慶《てんぎょう》五年（九四二）、北野社の社殿を九条師輔《もろすけ》が増築整備するのは天徳《てんとく》三年（九五九）である。これらを考え合わせると、保胤が願文を捧げた時期は、北野天満宮の歴史のごく初期にあたることが知られよう。

往時は栄分と名声のために祈る

願文の冒頭は次のような自省の文言で始まる。

私は以前も北野社に祈願したことがあった。ただその目的は栄分と名声にあり、そのために廟社に祈り仏に祈った（「往往栄分のため、声名のために廟社に祈り、仏法に祈ること日あり」）。この言い方は、先の六波羅蜜寺供花会《ろくはらみつじくげえ》における詩序に、「少壮の年、慭《なまじ》いに一事一物を詠じて、強いて名聞を求む」とあったのに似ている。六波羅蜜寺供花会と北野廟願文は時間的に相接している。まさに出家前の共通した心理を示すものである。

願文は続ける。

かつて天神に、所願が成就したならば廟前に文士を会し詩篇を献じようと祈願した。天神は文道の祖、詩境の主であるからである。しかし今は出家の身、求道《ぐどう》の世界に入った老沙弥には、風月の詩会を催して報賽をする理由はなく、むしろ一乗の教え（『法華経』）を説く香華《こうげ》の筵《むしろ》を延べたいと思う。花言綺語の遊びが天神にとって何の利益になろうか。法華一乗の教えによってこそ成仏を期することができる。一神に慶があれば衆生もこれを頼ることができ、功徳はあまねく一切に及ぶのである。

以下、「敬白、寛和二年七月二十日」と結ぶ。

天神は文道の祖、詩境の主

天神信仰にはさまざまな側面があり一様ではない。道真は死後しばらくは怨霊《おんりょう》視され火雷天神《からいてんじん》などと恐れられるが、やがて菅原氏の氏神《うじがみ》とされるにともない、本来の学問と詩文の泰斗《たいと》としての側面が注目され儒家の神とされていく。保胤が道真を「天神は文道の祖、詩境の主」としたのは、そのような潮流のごく初期に属する発言である。やがて大江匡衡《まさひら》も寛弘《かんこう》九年（一〇一二）の敬白文に、保胤の願文を踏まえて「文道の大祖、風月の本主」と讃えた（「北野天神に御幣ならびに種々の物を供する文」『本朝文粋』巻十三）。このように保胤の道真観は、天神信仰史の新しい潮流の先駆けとしての意義も有しているのである。

讃仏の詩作も否定

願文は『法華経』の講説をもって天神に捧げると言いながら、講説後の詩作の有無についてはなにも言及していない。もし講経の後に仏や経典を讃嘆する作詩がなかったとすれば、勧学会《かんがくえ》や六波羅蜜寺供花会とは趣を異にすることになる。供花会の詩序は、

「衰暮《すいぼ》の日、或《あるい》は蕪詞《ぶし》狂句《きょうく》（粗雑で文飾した詞句）を記して将《まさ》に菩提を摂せん（悟りを得よう）」と結んでいた。これに対して願文は、出家を境にして、狂言綺語《きょうげんきぎょ》を翻《ひるがえ》して讃仏乗の縁とするという詩作の根本動機すらも放棄したということになろうか。それかあらぬか、出家後の保胤には目立った詩作の跡は見られない。やはり、出家直後にわざわざ天神の廟に報賽しながら、『法華経』の講説は言いながら仏法讃嘆の詩作に触れないところに、保胤の重大な心中の変化と決意を見てとるべきであろう。

天神廟前での詩会

保胤は、道真が文道の祖、詩境の主であるからその廟前で詩会を開こうというかつての祈願を否定し、『法華経』の講説を優先した。しかし保胤以後間もなくから、風月の主の廟前で作文会《さくもんえ》が催され、『法華経』講説と作文会がセットで行われるようになる。これまでの研究史では、北野社で行われたのは和歌会が早く、次いで中世には連歌会が盛んに行われたとされてきたが、作文会が注目されることはなかった。しかし断念はしたものの一旦はその意思を有した保胤を濫觴《らんしょう》として、一条朝から鎌倉初期にかけて年時の明らかなもの十二度、不明のもの十一度の作文会があったと報告されている（後藤昭雄「北野作文考」）。文人の習いとして、そこに栄分や名声を期する意識が忍びこむ余地は十分ある。

俗縁を断つことが出家の第一義というなら、詩人にとって最大の俗縁は詩作そのものにほかなるまい。出家して心覚《しんがく》と名を変えたからには、天神との約言がかりそめの綺語であろうはずはない。保胤のいさぎよさと解するのが願文の素直な読み方であろう。

橘在列と詩魔

保胤が出家後の遺作に乏しいのに対し、逆に出家しても旺盛な文筆活動を続ける者も少なくない。橘在列《たちばなのありつら》がその一人である。在列は生没年ともに不詳だが、延長《えんちょう》（九二三〜九三一）・承平《じょうへい》（九三一〜九三八）ころの詩人とされる。俗縁を断とうとする気持ちが強く、天慶七年（九四四）比叡山に出家した。法名尊敬《そんきょう》。その生涯の作は、在列の弟子源順《みなもとのしたごう》によって『沙門敬公集《しゃもんきょうこうしゅう》』七巻として編纂されたという。ただしこの集は失われて今はない（大曾根章介「源英明と橘在列」）。出家して俗縁をすべて厭い去ったはずの尊敬ではあったが、唯一、詩魔《しま》（詩作への衝動）だけは御しきれなかったようだ。僧形《そうぎょう》になっても詩作は衰えず、「延暦寺仁王会呪願文《にんのうえじゅがんもん》」「延暦寺東塔法華三昧堂壁画賛《とうとうほっけざんまいどうへきがさん》」などの作を残している（後藤昭雄「橘在列＝尊敬」）。

数奇と詩魔

出家遁世して草庵に閑居し、あるいは遊行廻国《ゆぎょうかいこく》して、和歌や管弦の道にのめり込む「数奇《すき》」の遁世者が、古代から中世にかけて数多く存在したことは先学の明らかにするところである（目崎徳衛「数奇と遁世」）。数奇と詩魔、和漢の違いはあれ、在列もそのような範疇に入る一人であろう。

これに対して保胤はどうであろう。「出家の後念仏に暇無くして、すでに翰《ふで》を染《そ》むることを絶てり」（『日本往生極楽記』行基伝末識語）と、多忙を理由に断筆を宣言している。しかし思いもかけず詩魔が頭をもたげることはなかったのであろうか。

源融の河原院

正暦《しょうりゃく》二年（九九一）三月十八日、仁康上人《にんこうしょうにん》が河原院《かわらいん》で五時講《ごじこう》を修した。これに保胤も参じていた。河原院が保胤池亭の東方に位置した源融《とおる》の大邸宅であることは前に述べた。融の曾孫安法法師《あんぽうほうし》のころ多くの歌人や詩人の集うところとなり、歌合が催され、河原院を題材にした詩作も多く作られた。しかし天元《てんげん》二年（九七九）の大雨と翌年の大風に襲われ、京中が大いに顚倒し破損した際、河原院も被害を蒙ったようだ。これ以後仁康の五時講まで目立った動きはない（ベルナール・フランク『風流と鬼―平安の光と闇―』）。

仁康の五時講

仁康は良源の弟子で、勧進により金色丈六《こんじきじょうろく》の釈迦像を造立し、『華厳《けごん》経』『大集《だいじつ》経』『般若《はんにゃ》経』『法華《ほっけ》経』『涅槃《ねはん》経』の五部の経典を供養した。釈迦一代の説法を五時に分ける天台の五時教判《ごじきょうはん》にしたがい、五部の大乗経典の要文を順次講説する五時講を催したのである。五時教判とは釈迦の教説（経典）を五時に分けてその順序次第を位置づけることである。五時講の願文は文章博士《もんじょうはかせ》大江匡衡《まさひら》が作り（『本朝文粋』巻十三）、参議藤原佐《すけ》理《まさ》が清書した。花山寺《かざんじ》の厳久僧都《ごんくそうず》や横川《よかわ》の明豪《みょうごう》僧正などの高僧が説経論義を勤め、源信僧都・覚運僧都・真興《しんこう》僧都など南都北嶺の学僧が聴聞した。源満仲《みつなか》や平維敏《これとし》などの武者も結縁《けちえん》したという（『続古事談』巻四）。

詩魔との相克

講会には出家後の保胤も参じていたようだ。願文中の句、

昔《むかし》、忉利天《とうりてん》の安居《あんご》九十日、赤栴檀《しゃくせんだん》を刻んで尊容を模し、
今、跋提河《ばつだいが》の滅度より二千年、紫磨金《しまごん》を瑩《みが》いて両足を礼す

（昔、釈迦が忉利天に昇って九十日間安居の修行をした時、仏に会えないことを嘆いた優塡王《うでんおう》は、栴檀を彫刻して釈迦を模し、今、釈迦が跋提河に入滅して二千年、紫磨金を磨いて釈迦像を作り礼拝する）

にいたく感じ入り、講が果てても席を立てずにいたが、やおら俗客の座の匡衡に近づきその肩をたたいて、「このようなことによって詩文を詠作する文場には出ないのです。この佳句をみて骨身に沁みて平静ではいられなくなりました。これこそまさに菩提の妨げになるでありましょう」と言ったという（『江談抄』第六）。

匡衡の佳句に接し、出家後は心中深く潜んでいた詩魔が、寂心《じゃくしん》となっても疼《うず》きだしたのである。詩魔を消し去ることはできないが、必死に菩提を求めようとして、文場に

出ることを控えた禁欲的な姿勢が偲ばれる逸話である。史実かどうかを確かめるすべはないが、詩人の機微をついた話ではある。

保胤の出家名は心覚

ところで保胤は出家後しばらくは心覚と称し、その後寂心に再度改名している。「菅丞相の廟に賽《かえりもうし》する願文」は『朝野群載』（巻第二）と『本朝文粋』（巻十三）に収められているが、前者は沙弥心覚と自称し、後者の多くは「沙弥某」とするのみで出家名を記さないが、猿《さ》投《なげ》神社《じんじゃ》本と須藤保平氏所蔵本は心覚としている。そして具平親王の「心公に贈る古調詩」の「心公」も、その後に名乗る寂心ではなく心覚を前提とする呼称であると考えるべきである。寂心を「寂公」と称しても心公とは言わないからである。寂心没後の四十九日諷誦文に対する大江定基《さだもと》（寂照《じゃくしょう》）の「請文」にも寂公としている（第六の四「寂心の死」）。出家の当初は心覚と称し、その後寂心と改称したのである。それではそれはいつで、その理由はなにか。

心覚と入空

永延《えいえん》二年（九八八）四月二十六日、大江定基が保胤（心覚）を師として出家した。その年時については、『百錬抄《ひゃくれんしょう》』（同日条）以外に有力な根拠はないが、西岡虎之助「入宋僧寂照についての研究」以来定説化しているといってよい。定基は正三位参議を極官《ごくかん》とした斉《ただ》光《みつ》の子で、従五位下で蔵人・三河守などに任じた。三河守時代に愛妾を亡くし、恋慕の余り長く葬送せず、ために遺体が腐敗してあさましい臭気を放ったことから、ついに無常を悟って出家したとの説話はよく知られている（『今昔物語集』巻十九第二話、幸田露伴『連環記』など）。

永延三年（九八九）三月七日、定基は入宋《にっそう》を申請する。しかしてその時の法名は「入空《にゅうくう》」であった（『日本紀略』永祚《えいそ》元年三月七日条）。定基は出家して寂照を名乗る。だから入空は誤りであろうと『日本紀略』頭注（国史大系）は説明する。しかしこれは後年の師寂心―弟子寂照関係のみを想定することからする誤解であろう。保胤が未だ心覚であれば定基が入空でも不自然ではあるまい。

寂照改名は永延三年以後

さて定基が入宋申請した際は入空を名乗っているから、寂照への改名は入宋申請の永延三年三月七日以後となる。保胤の心覚から寂心への改名も、おそらくこれと関連するのではないか。

寂照への改名の理由と背景

定基の初度の入宋申請は却下されたが、理由の一つとして渡航申請の不備を想定することができる。申請には身分を保証する公的な組織による授戒と僧名が必須であり、一介の沙弥にすぎない心覚の弟子では要件を満たしていなかったものと思われる。寂照への改名は国際的に身分を保証する組織と所属を示す標章であり、そのために比叡山延暦寺としかるべき天台僧として、横川《よかわ》に重きを成していた源信がもっともふさわしい存在として浮上したであろう。入空（定基）にとって源信は、師心覚（保胤）を通して至近の距離にあったはずだ。また定基の兄摂津守《せつつのかみ》大江為基《ためもと》が源信と親交を結んでいたことも、与って力あったものと思われる。為基は寛和元年（九八五）、源信とともに書写山円教寺《しょしやさんえんきようじ》に性空《しようくう》を訪ね、永延二年（九八八）、源信が横川首楞厳院根本如法堂《よかわしゆりようごんいんこんぽんにょほうどう》の修理をした際、檀越《だんおつ》として経済的支援をしているからである。

寂心改名は定基渡航に連動

保胤が心覚から寂心に改名するのも、それと連動しているのではないか。定基の渡航申請条件を満たすためには、自度の沙弥心覚では障害となろう。弟子の渡航を実現するために、源信を師として天台宗傘下の僧となる必要がある。こうした配慮が寂心への改名の背景にあったと推測されるのである（平林盛得「慶滋保胤の出家前後の諸問題」）。

寂照改名と八葉寺創建

私はこれにもう一点加えたい。詳細は後述するが、正暦年間（九九〇〜九九五）とされる播磨《はりまの》国《くに》（兵庫県）八徳山八葉寺《はつとくさんはちようじ》創建の事業とも関係しているものと推察したい。

寺院の造営に際しては、国内外での勧進や用材の探索・伐採・搬送、造営、寺財・寺領の確保などの便宜上、国衙《こくが》との関係は密接かつ円滑でなければなるまい。西の延暦寺と呼ばれる書写山円教寺を例にとれば、その創建に当たっての国司藤原季孝《すえたか》の援助が著しかった。またその周辺にあった播磨天台六寺と呼ばれた寺々も国司との濃密な関係を有していた。心覚が延暦寺で再出家を遂げることは、このような事情を背景においてみると、自然であり必要でもあったと思われる。

かくして心覚（保胤）と入空（定基）の師弟は、それぞれ寂心・寂照と改めることになった。それは永延三年（九八九）三月七日以後のほど遠からぬ時期で、その際の師は源信と推定したい。

二　横川登山

横川二十五三昧会の発足

浄土信仰をめぐる源信との交流に導かれ、出家後の保胤は比叡山横川《よかわ》に上った。横川は延暦寺三塔（東塔《とうとう》・西塔《さいとう》・横川）の一つで、円仁（七九四〜八六四）により開創された。その没後は衰えていたが、源信の師良源（九一二〜九八五）により復興され、東塔・西塔に並ぶ寺中の一大拠点となった。この横川に、寛和二年（九八六）五月二十三日、住侶二十五名を根本結衆として念仏往生を目指す二十五三昧会《にじゅうござんまいえ》が創始された。保胤出家の一ヵ月後である。

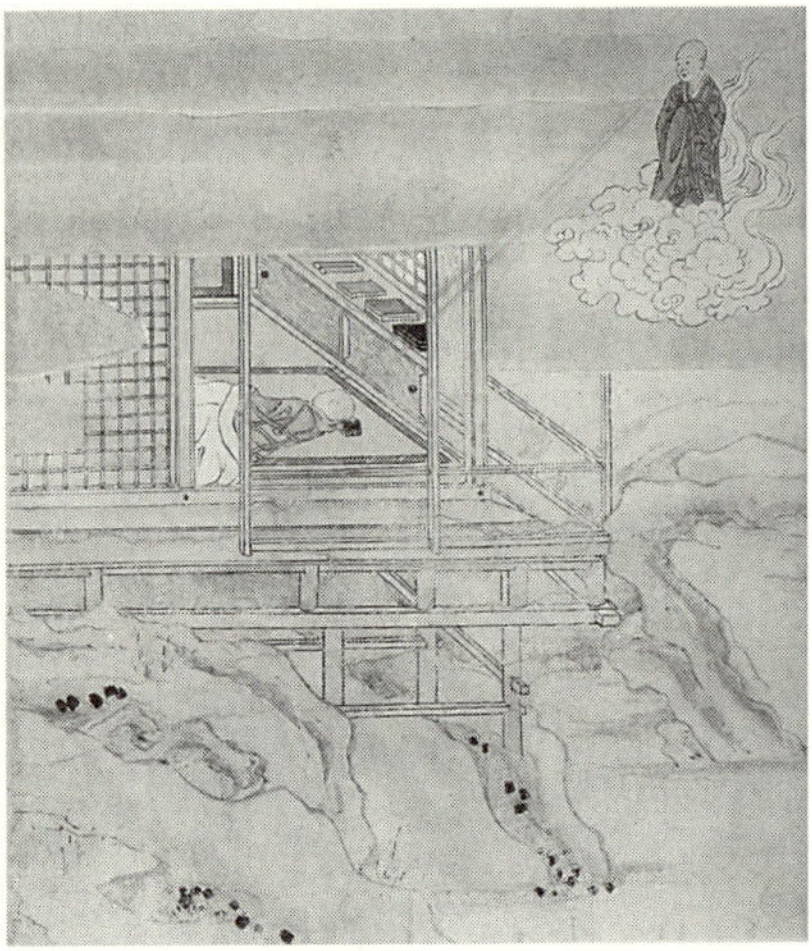

往生の夢告（「融通念仏縁起」下巻，第三段，クリーブランド美術館蔵）

二十五三昧の意味

二十五三昧とは、衆生が輪廻《りんね》転生《てんしょう》する迷いの世界を有《う》というが（四悪趣《しあくしゅ》・四洲《ししゅう》・六欲天《ろくよくてん》の欲界《よくかい》十四、色界《しきかい》七、無色界《むしきかい》四の二十五有《にじゅうごう》に分類される）、これを破壊する三昧のことである（『涅槃経』巻十四聖行品第七）。三昧とは一つの対象に向けて心を散乱させない状態のことで、ここでは結衆の念仏三昧の功力《くりき》により輪廻の世界を解脱《げだつ》して、極楽浄土に往生しようという趣旨である。結衆の二十五人は、二十五有に合わせたものであろう。またその行法《ぎょうほう》は「二十五三昧式」や「横川《よかわ》首楞厳院《しゅりょうごんいん》廿五三昧起請《にじゅうござんまいきしょう》」（「起請八箇条《きしょうはちかじょう》」）（『恵心僧都全集』巻一）によれば、毎月十五日に道場を荘厳《しょうごん》し、『阿弥陀経』や六道に苦悩する衆生受苦《しゅじょうじゅく》の文を読み、阿弥陀の名号を百八遍唱えて自他の往生を期すことを主とすることにあった。

会衆の行・病・死の問題

二十五三昧会の発足を直接促したのは源信『往生要集』である。たとえばその大文第六「別時念仏」の第二「臨終の行儀」の部分は、二十五三昧会結衆の臨終時の所作に大きな影響を与えている。その核心は会衆《えしゅ》の今わの際《きわ》の十念往生と、夢告などによる極楽か悪道かの生処の告知にあるが、現実問題としては、そこに至る前の病者の看護・介護・看取《みと》り・葬送などといったことも含まれた。比叡山の自然環境は厳しい。学問と貧困に並び、夏の湿気と冬の寒気は僧侶の心身を大いに苛《さいな》んだから、かれらの修行は常に死と隣り合わせだったと言うも過言ではない。こうした環境を共有する会衆が、互いの臨終十念と極楽往生を期して、日常の念仏生活を助けあい励ましあったのである。

「起請八箇条」の条文

こうしたことについて、結縁衆は発起直後から関心を払っていたようで、発会後四ヵ月の九月十五日、それは八箇条から成る条文に整理された。これが「横川首楞厳院廿五三昧起請」(「起請八箇条」)であり、その草案を登山後間もない保胤が作成した。「起請八箇条」は条文のみ示せば、次のようである。

一　毎月十五日に念仏三昧を勤修《ごんしゅ》すべきこと

二　念仏結願《けちがん》の次に光明真言《こうみょうしんごん》を誦し、土砂を加持《かじ》すべきこと

三　心を調《ととの》えて道を護り、人を撰んで闕《けつ》を補うべきこと

四　別処《べっしょ》を建立して往生院《おうじょういん》と号し、結衆病の時移住せしむべきこと

五　結衆病の間は、結番して瞻視《せんし》すべきこと
六　結衆の墓処を点定して花台廟《けたいびょう》と号し、二季に念仏を修すべきこと
七　常に西方を念じ、深く功力《くりき》を積むべきこと
八　結衆の没後も義を守り善を修すべきこと

結衆の看護・看取り・葬送

起請は念仏三昧の作法や結衆の心構えなどのほか、結衆の病気から葬送に至る一連の処置―看護・看取り・葬送―、さらに没後の追善、結衆の補充などに及ぶ。病時の収容施設としての往生院の建立、墓所としての花台廟の点定なども決められていた。たとえば第五条「結衆病の間は、結番して瞻視《せんし》(臨み見ること)すべきこと」は、結衆に病者が出た場合、罹病《りびょう》のはじめから臨終に至るまで、諸衆は二人一組で一昼夜ごとに交替の番体制を組み、一人は念仏を唱えて尊い法音を病者に聞かせ、一人はそれ以外のさまざまなことを処理する。所悩の軽重にしたがい、病者の願いを問い、顕密《けんみつ》の善根を修し、仏力を祈り、医療を加える。こうして次の番衆との交代を待つ。これは非常に大切なことだから、万難を排して勤めなければならない、と厳制している。

「起請八箇条」作成の必要性

翌年正月十二日、早くも最初の物故者が出た。根本結衆の一人祥蓮《しょうれん》、生年《しょうねん》六十五である。「過去帳」の最初に記される祥蓮伝には、病が重篤になり臨終が近くなった時、

結衆が順番を定め交代で昼夜に念仏した、開創後初の勤めでもあり、衆人みな慇懃《いんぎん》にこれを勤めたとある。だれかが死ねば、おのずと葬送から墓所の問題へとことは次第したはずである。ちなみに「過去帳」には、入会後一年以内に祥蓮も含め三名が没し、七年後の正暦五年（九九四）までに、さらに七名の根本結衆が他界している。七十五歳から二十五歳まで、毎年一〜二名とやや高い死亡率である。結衆の病気と看護・看取り・葬送といった一連の処置が目前に迫った課題として認識され、欠員の補充も二十五三昧会存続に関わる切実な問題として生じていたから、「起請八箇条」の制定は緊急を要する大事であった。

保胤、「起請八箇条」作成

保胤はその草案作成に当たった。かれは二十五三昧会の結縁者には加わっていない。しかし起請文の作成には関わったのである。「起請八箇条」の末尾に「寛和二年九月十五日　慶保胤草云々」とある。「云々」とあるから自署ではない。また出家名心覚または寂心でもなく俗名であるから、明らかに後人の加筆である。これは一見保胤作を疑わせる記述であるが、やはりかれの関与を肯定すべきであろう。

保胤作者の根拠

第八条に続く識語に『日本往生極楽記』序に共通する一文があるが、これは保胤の作であることを思わせる。すなわち『日本往生極楽記』には「瑞応伝《ずいおうでん》に載するところの四十余人、この中に牛を屠《ほふ》り鶏を販《ひさ》ぐ者あり。善知識に逢ひて十念に往生せり」とあったが、「起請八箇条」にも「かの張鍾《ちょうしょう》は販鶏《はんけい》の悪人なるも、異香室に満てり。敗善（ママ）は殺牛の屠士《とし》なるも、紫雲家を遶《めぐ》る。あに最後善知識の故力（功カ）にあらずや」とあり、よく似ている。『瑞応伝』は四十八人の往生伝を載せるが、その三十八番目が張鍾馗《ちょうしょうき》で三十九番目は分州人とある。鶏を販ぐ者とは張鍾馗のことで、臨終時に異香あり忽然として逝去したと記される。殺牛の屠士とは分州人とあるのみで実名は記されていないから敗善（ママ）は不審だが、臨終時に人々が異香瑞色の祥雲がその宅上に遶るのを見たとあるから、たしかに『瑞応伝』に依拠している。『日本往生極楽記』と「起請八箇条」のこうした共通性からして、「起請八箇条」は会衆の意向を十分に踏まえたうえでの保胤の作として差支えないと思う。またその破綻のない整った文章も、文筆の才に富んだ保胤の作とするにふさわしい。

飯室安楽谷念仏会の縁起を草す

比叡山横川の飯室不動堂の北方の地を安楽谷《あんらくだに》と呼び、寛和元年（九八五）十月、ここに念《ねん》誦堂《じゅどう》を建立して念仏の道場にしようとしたことがあった。範好《はんこう》・叡桓《えいかん》・忠正《ちゅうしょう》・延久《えんきゅう》・惟慶《いけい》といった僧がいて、かれらが翌寛和二年夏ごろ、源信を招請して念仏結縁の行法を始修した。ちょうど保胤の出家（四月二十二日）や二十五三昧会が発足したころ（五月二十三日）の出来事で、同じ横川の境域で始められたもう一つの念仏活動であった。堂舎と僧房は僧延久の所領の屋舎を施入して建立した。同年十月、行法を始修した年紀や由来などを後代に残そうと縁起の作成を企て、その草案の執筆を出家後間もない保胤に委嘱したようだ。ところがこの縁起が完成しないうちに保胤は他行し、縁起の草案も落失したという。高山寺《こうざんじ》の文書に残る長徳二年（九九六）八月の僧範好等連署《れんしょ》の起請文に記された文言にある。おそらくそのような事実があったのであろう（『平安遺文』）。

三　八葉寺の創建

比叡山から播磨国へ

菅丞相の廟前に捧げた願文の作成（七月二十日）と二十五三昧会の「起請八箇条」起草（九月十五日）の後、保胤はどこに行ったのか。寛和二年（九八六）以後、時間軸に沿ってその足跡を正確にたどることは難しいが、播磨国（兵庫県）での活動を確かめることができる。すなわち永延年間（九八七〜九八九）から書写山円教寺《しょしゃさんえんきょうじ》の開山性空《しょうくう》とのかかわりを深め、正暦年間（九九〇〜九九五）には円教寺からほど遠からぬところに八徳山八葉寺《はっとくさんはちようじ》を開いている。

八葉寺の開創につき、その事情を直接説明する史料は残されていない。しかし多少遠回りにはなろうが、性空との交わりや円教寺建立の背景にあった事情を探ることにより、保胤の宗教行動をおぼろげながら類推することは可能である。

性空の前半生

書写山は姫路市の北西に位置し、山上の円教寺は性空により建立された。性空の伝記は不明な部分が多いが、延喜《えんぎ》十七年（九一七）の誕生、没年は寛弘四年（一〇〇七）とされている（平林盛得「花山法皇と性空上人」）。橘氏の出身で父は橘善根《よしね》。天慶六年（九四三）二十七歳で元服後母に従い日向国《ひうがのくに》（宮崎県）に下向、天暦六年（九五二）三十六歳の時出家、霧島山に籠り日夜『法華経』を読誦、数年後筑前《ちくぜん》（福岡県）の背振山《せふりさん》に移住し、同九年三十九歳にして『法華経』を暗誦したという（『書写山円教寺旧記』〈悉地伝〉）。その後、播磨国書写山に一間の草庵を結んだようだが、その時期は不明である。この『法華経』の暗誦は、性空のもっとも重要な宗教的特徴というべきものである。

円教寺開創と播磨国司の外護

性空の前半生をみると、山林修行者と法華持経者《じきょうしゃ》の印象が強いが、この性空が上下貴賤の尊崇を集めて上人と称され、花山院・源信・厳久《ごんく》・仁康《にんこう》・大江為基《おおえのためもと》・和泉式部など、僧俗男女の参詣結縁や播磨国司の外護《げご》を得て、書写山上には寛和年間（九八五〜九八七）ころより堂塔伽藍が整えられていくようである。寛和二年（九八六）三月、前播磨介《さきのはりまのすけ》藤原茂利《しげとし》の後任藤原季孝《すえたか》の帰依により法華堂が竣工し、以後、法華三昧《ほっけざんまい》の道場とされ、翌永延元年、同人により梵鐘が寄進されている。季孝の一族には橘氏との姻戚関係をもつ者が少なくない。また橘氏には、橘澄清《すみきよ》・恒平《つねひら》・仲遠《なかとお》など、これ以前に播磨国司に任じた者が数人いる（『公卿補任』『尊卑分脈』）。円教寺創建の背景には、このような看過しがたい事実があった。

円教寺の御願寺化

寛和二年七月二十八日、出家後間もない花山院の参詣があり、院は性空の口誦に従い『法華経』第一巻を読んだ。同年十一月四日、七十歳の性空は円教寺を花山院の御願寺《ごがんじ》とすることを願い出ている。御願寺とは、天皇・上皇・皇后など皇族を檀越とする寺院のことである。翌永延元年（九八七）十月七日、三間四面の講堂が建立供養され、半丈六の金色釈迦像と五尺の金色普賢・文殊菩薩像が安置された。花山院より米百石が施入されている。その十七年後の長保《ちょうほう》四年（一〇〇二）三月、花山院は再び性空に結縁し、その際には性空の伝記（「書写山上人伝」）を作り、巨勢広貴《こせのひろたか》に性空の肖像を描かせている（『朝野群載』二、『権記』八月十八日条）。なお『書写山円教寺旧記』〈延照記〉は、この伝記を具平《ともひら》親王の作、これを能書で知られた藤原行成《ゆきなり》が清書したとしている。

延暦寺との関係

供養会の実施のため招請された僧は、導師《どうし》の実因《じついん》や厳久をはじめ院源《いんげん》・安海《あんかい》・静照《じょうしょう》などの延暦寺僧である。実因は慈念《じねん》僧正の弟子で大僧都《だいそうず》、厳久は源信と師弟関係があり権大僧都《ごんのだいそうず》に任じ、花山院に出家前後より終生随侍し花山僧都《かざんそうず》と称された僧である。院源も延暦寺座主《ざす》に任じ、大僧正《だいそうじょう》にまで至った僧である。安海はすぐれた学僧として知られ、源信が中国北宋の知礼《ちれい》に二十七の疑問を呈した際、安海は上中下の三答を作り、後に届いた知礼の答釈が、いずれも中下の義を越えなかったというエピソードが残されている。いずれも寺内外の管理や学問を担った錚々たるメンバーである。

惟成、供養願文を作る

講堂供養の願文は入道藤原惟成《これしげ》（法名寂空）が作った（『性空上人伝記遺続集』）。願文中に、円教寺ではこの二〜三年来、天台大師智顗《ちぎ》の忌日《きにち》ごとに法華十講を行っていると記されているが、天台大師智顗の忌日は十一月二十四日、延暦寺ではこの日を中心にいわゆる比叡の霜月会《しもつきえ》が催行されている。開祖最澄《さいちょう》により延暦十七年（七九八）に始修された伝統の法華大会《ほっけだいえ》である。続いて最澄の忌日に法華十講を行う六月会《みなつきえ》も始まり、書写山円教寺が延暦寺のつよい影響下にあったことが知られる。

保胤の性空讃嘆の詩

性空を讃歎する詩は、断簡ながら源信・真静《しんじょう》・大江為基のものが（『性空上人伝記遺続集』）、また具平親王の作は全文が残っている（『本朝麗藻』下、仏事）。保胤も作っているが全文ではない。「無《む》名《めい》仏《ぶつ》教《きょう》摘《てき》句《く》抄《しょう》」と『性空上人伝記遺続集』により知られる内容は以下のとおりで、前者の序の一部と後者の詩の一部にすぎない（後藤昭雄「〈無名仏教摘句抄〉について」)。

(序)　身は頭陀《ずだ》を行いて東西定めず、口に妙法を諳《そらん》じて昼夜休まず。寝ても又誦す。
舌は尚お睡眠の間も動き、寤《さめ》て即ち読む。声は句逗《くとう》の次《ついで》を失わず。

(詩)　三千界裏頭陀《さんぜんかいりずだ》の跡　五十年前口誦《くしょう》の声
今日幸いにも容《ゆ》るされて教化《きょうけ》を蒙る　西方定めて識《し》る相迎を獲ることを
(後半二句は『播州書写山縁起』をもって補入)

「口に妙法を諳じて昼夜休まず。寝ても又誦す。舌は尚お睡眠の間も動き」の部分は、具平親王の讃嘆詩にも「妙文を暗記して眠りても猶《なお》誦す」とあり、長保四年（一〇〇二）に作られた「書写山上人伝」も「三十九、法花経を諳誦するを得」と表現を踏襲している（『朝野群載』二、文筆）。性空の宗教活動を支える原点が、三十九歳の『法華経』の暗誦であったことが理解できる。

木造性空坐像（姫路市・円教寺開山堂，姫路市教育委員会文化財課提供）
正応元年〈1288〉仏師慶快の作とみられる．

性空讃嘆詩作成の年時

保胤の性空讃詩がいつ作られたのか、時

期の特定は困難だ。詩中の「五十年前口誦の声」を手掛かりに、永延元年（九八七）前後と推定する説があるが確証はない（平林盛得「花山法皇と性空上人」）。「五十年前」を実年数とみなし「口誦の声」に留意すれば、天暦九年（九五五）の『法華経』を暗誦した三十九歳が注目されるが、これを起点とした五十年後は寛弘二年（一〇〇五）、保胤没後三年で成り立たない。ただ前記の惟成の講堂供養願文にも「五十年来、未だ曾て休廃せず」との文言がある。なにを休廃しないのかは必ずしも明確ではないが、保胤の「五十年前の口誦の声」もこれに照応するとすれば、その作詩は永延二年と見るべきかという古くからの議論もある（『性空上人伝記遺続集』）。先の永延元年前後説はこれを踏まえたものだろう。伝えられる保胤の播磨国での活動時期からして、矛盾しない。

八葉寺創建の背景

さて書写山円教寺創建の背景に、国司の外護・貴顕僧俗の結縁・御願寺化・法会を通じた延暦寺の影響、などといったことを見た。これらの事実は、八葉寺建立とその後の経営の事情を考える際にも大いに参考になろう。

八徳山八葉寺の位置と寺名の由来

南北朝期に成立したとされる『峰《ぶ》相《しょう》記《き》』によれば、寂心上人は正暦年中（九九〇〜九九五）に八徳山八葉寺を建立したという。八葉寺はJR播但線香呂《こうろ》駅より徒歩で小一時間ほどの距離、姫路市香寺《こうてら》町相坂に千年の歴史を今に伝えている。山号寺名の由来は、同書に

「其の地勢を見るに、山は八葉の嘉瑞《かずい》を表し、水は八功徳の清流を吐く」と説明される。八葉は八葉蓮華《れんげ》のことで、極楽浄土にある花弁が八枚の蓮の花。八功徳は八功徳水のことで極楽浄土の池の水。八種の功徳とは、甘く、冷たく、やわらかく、軽く、澄んで、臭みなく、呑む時ののどを損なわず、飲み終わって腹を傷めない、の八である。北西南の三方を山に囲まれ、一方は晴れて東に川が流れるという環境である。川は現在の市川《いちかわ》であろう。

建築資材の調達

『今昔物語集』巻十九「内記慶滋ノ保胤出家語第三」に、出家した保胤が堂舎の建立こそ功徳の第一と思い、播磨国に行って人々に寄進を募り、材木を集めようとして下向した話がある。話の筋はこの後、ある川原で活計のため余儀なく紙冠《かみこうぶり》をかぶり祓をする陰陽師形の法師に出会い、これを如来の禁戒を破る堕地獄《だじごく》の行為と激しく責め立て、果てはせっかく勧進で得た物をすべてこの法師陰陽師《ほうしおんようじ》にくれてやるという始末に展開するが、ここで注目すべきは播磨国における材木の調達という設定である。説話では、とくに八葉寺に触れてはいないが、保胤の堂舎建立は八葉寺以外に知られていないから、その事実を踏まえての説話化とするもさして不当ではあるまい。

八葉寺建立と市川と杣

それでは実際、八葉寺建立の用材はどこから調達されたか。杣山《そまやま》と用材搬送の河川に

八　葉　寺（姫路市）

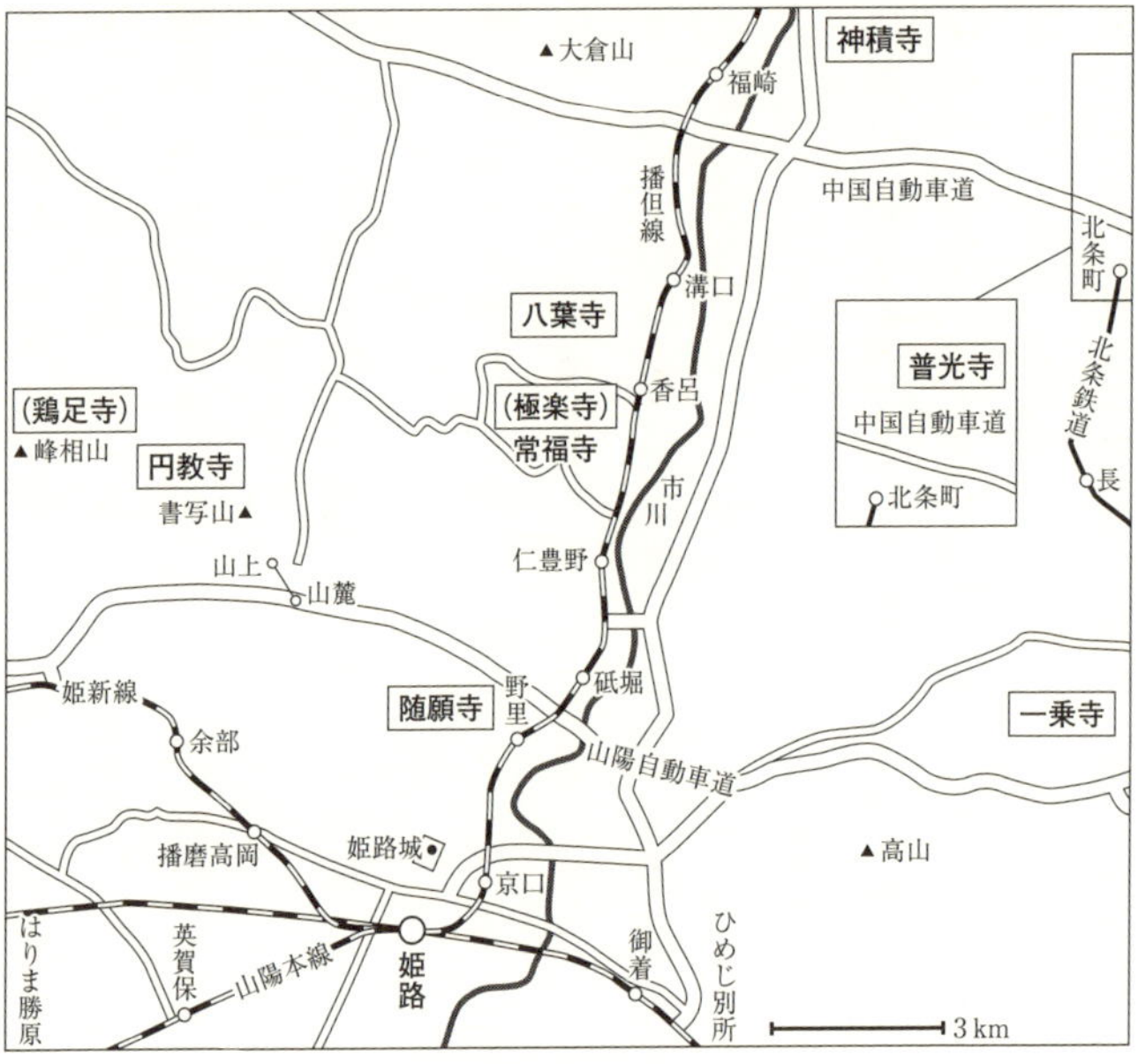

円教寺周辺の寺院

注目して考えてみたい。

播磨国神前郡《かむざきのこおり》の大川内《おおこうち》・湯川《ゆかわ》・奈具佐山《なぐさやま》が檜や杉の産地であったことは『播磨国風《はりまのくにふ》土記《どき》』に見える。大川内は現在の市川本流の流域地をさす。湯川は小田原川の古名で神河町寺前で市川に合流する。奈具佐山は福崎町西北に位置する七種山《なぐさやま》がそれと比定されている。下って保胤と同時代の貴族の日記にも、奈良大安寺の用材として「播磨の材木」が記録されているから（『小右記』治安三年〈一〇二三〉七月二十日条）、市川の上流域に建築用材を産する杣山があり、同寺建立に際して保胤がこれらの杣山と市川を利用した可能性は小さくない。その委細は不詳ながら、保胤が賀茂氏の出身であることや、優秀な陰陽師が輩出した地であることなどを手掛かりに、その可能性をもう一歩追究する試みもあり、新たな研究として注目される（田中久夫「慶滋保胤と佐保の神と住吉の神―杣山の建築用材輸送をめぐる問題―」）。

性空、寂心に釜を贈る

八葉寺には源信・覚運・寂照らが訪問したと伝えられている。可能性は低くはないがそれを証するものはない。しかし性空との交流は大いにあったようだ。事実、書写山側の記録にもそれは確かめられる。『書写山円教寺旧記』（『捃拾集』）には、長徳元年（九九五）冬のころ、寂心が湯釜を欲しく思っていたが言葉に出さずにいたところ、性空が以心伝《いしんでん》心《しん》、その思いを知り、銅釜を乙天《おってん》童子に戴かせ、送文を若天《わかてん》童子に持たせて送ったとある。乙天・若天の両童子はつねに性空に侍して守り、世話をしたとされる童子である。現在も山の守護神、護法童子として、円教寺護法堂に祀られている。

性空が寂心（慶滋保胤）に贈ったとされる湯釜
（姫路市・八葉寺蔵，姫路市教育委員会文化財課提供）

この湯釜は八葉寺奥院に安置されて現存し姫路市指定文化財になっている。またこれを納める春《かす》日《が》厨《ず》子《し》は県指定文化財とされている。その胎蔵界大日の種字《しゅじ》を刻んだ蟇股《かえるまた》の裏面には、「大永五年（一五二五）」の墨書がありその制作年代が知られ、扉内面には乙天・若天の彩色絵が施されている。これに対して寂心が返礼として水精《すいしょう》の念珠一連と幡《はた》八流を送ったと、先の『峰相記』には記している。互いに修行と教化を助けあい、ともに仏の慈悲を期したさまがしのばれる。

三条院の御願所、播磨天台六寺の一つ

八葉寺が三条院の御願所となったことは同時代史料に所見はないが、後代の『峰相

極楽寺建立と藤原有国、妻橘徳子、子息広業・資業

記』には見え、御堂関白藤原道長も行状に随喜して仏具等を送ったとある。また円教寺・増位寺《ますいでら》（随願寺《ずいがんじ》）・法華山《ほっけさん》（一乗寺《いちじょうじ》）・妙徳寺《みょうとくじ》（神積寺《じんしゃくじ》）・普光寺《ふこうじ》などの播磨天台六寺《はりまてんだいろくじ》の一つとして公武の御願所となり、国衙の『最勝王経《さいしょうおうきょう》』講讃や仁王経会を勤修したとも、八葉寺みずからが「恐らくは当国御願、我寺より始まる」と称していたともある。同書には妙徳寺もまた一条・三条両帝の御願所と記している。妙徳寺は八葉寺創建と同じころの正暦二年（九九一）三月八日、大納言範（ママ）卿の息子慶芳内供《けいほうないぐ》の夢に薬師如来が妙徳菩薩に姿を変えて現われ、薬師如来を本尊とする寺を建立すべしと告げたことに起源するとある。大納言の妻は両帝の乳母《めのと》であり、その御願寺とすることを申請し許されたともあるが、この大納言範卿と妻と息子慶芳内供がだれかは判然としない。

　ところで八葉寺の南方二キロほどの姫路市香寺町須加院の黄檗宗《おうばくしゅう》常福寺《じょうふくじ》周辺の地には、かつて極楽寺という寺があった。天養《てんよう》元年（一一四四）、同寺の禅慧《ぜんえ》が願主として、一条天皇や先祖の藤原有国とその妻従三位　橘徳子《たちばなのとくし》らをはじめ、代々の別当や師主らの出離《しゅつり》生死《しょうじ》と頓証菩提《とんしょうぼだい》、聖朝安穏《せいちょうあんのん》と鎮護国家《ちんごこっか》などを祈願して瓦経《かわらきょう》を埋納した。この瓦経は寛政《かんせい》十一年（一七九九）に常福寺裏山から発見され、その全文は翻刻されて容易に見ることができる（『平安遺文』など）。

瓦経刻文には、当寺は一条天皇の御願寺であり鎮護国家の大伽藍である、天皇には有国・徳子が同心合力して特別の忠節を尽くし、息子の参議広業《ひろなり》と三位資業《すけなり》が播磨国の国司だった時に建立したものだ、とある。兄弟が播磨国司だったのは保胤や有国の没後ではあるが、以下に記すようにその記憶は十分に残っている時期と思われる。しかしてこの願主禅慧の祖橘徳子は一条天皇の乳母である（『尊卑分脈』）。こうした事実は、妙徳寺や八葉寺が御願寺であったことを直接に証明はしないが、その背景の一つとして看過できないものがある。

有国・徳子近親と播磨国司

有国と保胤の昵懇《じっこん》の関係を繰り返す必要はなかろうが、有国とその縁者の播磨国司について言えば、有国自身は寛弘六年～七年（一〇〇九～一〇）に参議・勘解由長官《かげゆのかみ》で播磨権守《はりまのごんのかみ》を兼ね（『公卿補任』）、その妻橘徳子の父橘仲遠《なかとお》は従四位上播磨守《はりまのかみ》であった（『尊卑分脈』）。さらに一族の橘澄清《すみきよ》も延喜六年～二十年（九〇六～九二〇）に播磨権守、橘恒平《つねひら》は天暦二年（九四八）に権大掾《ごんのだいじょう》に任じている（『公卿補任』）。極楽寺を建立した息子の広業は長和《ちょうわ》五年～寛仁《かんにん》二年（一〇一六～一八）に式部大輔《しきぶのたいふ》・東宮学士で播磨守を、また万寿《まんじゅ》三年～長元《ちょうげん》元年（一〇二六～二八）に参議で播磨権守を兼務、次いで資業が長元元年～七年（一〇二八～三四）に式部大輔兼播磨守に任じている。この資業が氏寺である日野法界寺《ほうかいじ》の薬師堂を、その子実綱《さねつな》が同寺観音堂を建立した篤信者であった事実も広く知られているが、播磨の極楽寺も資業を始祖とする日野家の氏寺と認識されていたことは、瓦経中に経や真言を瓦に刻して「氏寺の後の峰に埋納し奉る」、とあることにより明らかである。

八葉寺建立の背景、貴族国司の外護

保胤の八葉寺建立の詳細は不明で、せいぜい性空との湯釜と水精の念珠の遣り取りが注目される程度だが、以上に見たように、杣山や用材の調達、一条院の御願寺化の側面などにも配慮すべきであろうし、また円教寺の国司藤原季孝、妙徳寺（神積寺）の大納言範卿とその妻と息子の僧、さらに加えるなら焼失した増位寺（随願寺）の講堂は国司藤原信理《のぶまさ》が正暦二年（九九一）に再建し、その供養は性空が執行した、といった例に顕著な国司や貴族の積極的外護といった事実にも留意すべきであろう。播磨天台六寺と総称される寺院はすべて姫路市周辺にあり、播磨の国衙が主催する『最勝王経』講讃や仁王会などの法会に参加し、播磨全体の安穏を祈る寺院として位置づけられていた。そのうち円教寺・増位寺（随願寺）・妙徳寺（神積寺）などは（これに極楽寺も加えることができようが）、いずれも八葉寺とほぼ同時期に創建または中興されている。八葉寺の創建もこのような宗教事情と無縁ではあるまい。

空也、峰相寺で一切経を披閲

保胤と播磨国を結びつけるものとしては、『日本往生極楽記』に採録された空也や教《きょう》信《しん》や増祐《ぞうゆう》も看過できない。

『日本往生極楽記』空也伝は源為憲《ためのり》『空也誄《るい》』を参照し、空也が諸国修行中、播磨国揖保郡《いぼぐん》峰相寺で一切経を披閲した際、夢に金人《きんじん》が現れてつねに文義を教示したとの部分を引用している。金人とは仏または仏教に関係のある霊異的存在のことである。この峰相寺はかつて姫路市西北部の峰相山に存した峰相山鶏足寺《けいそくじ》であり、『峰相記』の舞台になっているのがこの鶏足寺である。書写山や八葉寺とは数キロの位置にある。後に八葉寺を建立する際に、この地と寺と空也のことを想起しなかったはずはなかろう。

加古郡加古駅付近の教信

加古の沙弥教信は、ある日の夜、摂津国勝尾寺住僧証如《しょうにょ》（勝如）が十数年来無言の行を続けている草庵を（おそらくは魂魄となって）訪れ、自身が今日往生することと証如の往生の年月を予告する。証如はいそぎ弟子の勝鑑《しょうかん》を遣わしその地を訪ねさせると、加古の駅の北に竹の廬《いおり》があり、その前に死体があって犬が群がり食《は》んでいる。廬の内には老《ろう》嫗《おう》と一人の童子がいて、聞けば教信の妻で死人は夫教信である。一生の間、弥陀の名号を唱え昼夜休まず、隣里の人に阿弥陀丸と呼ばれていたという。この話を聞いた証如は、我の言語無きは教信の念仏に如かずと思い、以後は世俗の聚落に行き自他のための念仏を修したという。三善為康《みよしのためやす》『後拾遺往生伝』（上、証如）によれば、教信の死は貞観《じょうがん》八年（八六六）のこととある。

教信の記録として現存する最古のものは『日本往生極楽記』である。永観《ようかん》『往生拾《おうじょうじゅう》因《いん》』や『後拾遺往生伝』は教信の本伝をも参照したと記すが、『日本往生極楽記』もまた同伝を参照した可能性がある（平林盛得「沙弥教信説話の変貌」）。それにしても保胤は、播磨国に下向し八葉寺建立のため周辺各地を経めぐるなかで、教信への思いをいっそう鮮烈に印象づけられたことであろう。この教信が、以後、東大寺永観や浄土真宗の開祖親《しん》鸞《らん》らの注目するところとなり、浄土教史における伝説的宗教者となっていくことについては、多言を要しまい。

加古郡出身の増祐

沙門増祐も播磨国の出身で、若いころ上京して如意寺《にょいじ》に住して念仏読経に励んだ。これも加古郡の僧である。天延《てんえん》四年（九七六）正月、身に小さな瘡《かさ》（はれもの）ができ飲食もままならなかったが、ある人の夢に、極楽から増祐を迎える車が来ると見、増祐もまた死期を悟り、その月の末に穴を掘らせてその中で念仏を唱えつつ命終したという。加古郡とともに如意寺も気になるところである。他ならぬ保胤終焉の場所が如意寺とも如意輪《にょいりん》寺《じ》ともされるからである。

自筆の書簡

時期も宛先も不明だが、一通の保胤自筆書簡がある。現在、東京国立博物館が所蔵し国重要文化財に指定されている（口絵「紙本墨書慶滋保胤書状」）。翻刻は『大日本史料』第二編之四や平林盛得「慶滋保胤書状を考える」等に見ることができる。末尾に「六月十四日　□□寂心上啓」とあるから、再出家して心覚から寂心と名を改めてからのものである。先の推測にしたがえば、永延三年（九八九）三月七日以後（あるいは翌年頃）となろうか。未決の部分が少なくないが、残っている私信は唯一これのみであり、寂心時代の行動を知る貴重な手がかりであるからあえて紹介する。

「伝三巻」の謹呈

書き出しは「伝三巻謹以奉　献（伝三巻、謹んで以て献じ奉る）」であり、これ以前を欠いていると思われる。三巻の書を謹んで奉呈したいとのことであるが、その書名はわからない。冒頭の「伝」字に注目して、末尾が「伝」の書名を求めて『日本往生伝』とも呼ばれた『日本往生極楽記』や唐の文諗《ぶんしん》・少康《しょうこう》編『瑞応伝』・戒珠《かいしゅ》『浄土往生伝』などを想定しても、結局は該当しない（平林前掲論文）。

「伝三巻」は『浄土論』か

ただよく見ると、「伝」の字は右肩に小さな字で書いてあることに気づく。これは奉呈する書が三巻で、「伝」はその書に何らかの説明を施した文言の最末の一字を示しているのではないか。つまり書名の末尾は伝ではなく不明とすべきであり、『某々伝』以外の書を考慮の外に置くのは早計ではなかろうか。そう考えると、すぐに思い浮かぶのが迦才《かさい》『浄土論』（三巻）である。『浄土論』は迦才没後百年に満たない時期に伝来している。智光『往生論疏《おうじょうろんそ》』に三十三回も引用され、『往生要集』も拠る部分が多い。平安〜鎌倉に盛んに流伝し、保胤・源信・禅瑜《ぜんゆ》・法然・親鸞らは迦才を往生伝の著者または先駆者として理解していた（森川昭賢「我が國に於ける迦才『浄土論』の流傳」）。

書簡冒頭の復元仮説

『浄土論』下巻の冒頭は「第六、引現得往生人相貌（現に往生を得る人の相貌を引く）」と題して、「道俗の浄土に往生するを得る者、略《ほぼ》二十人有り」とし、比丘僧六人・比丘尼四人・優婆塞五人・優婆夷五人とその数を記している（『大正新脩大蔵経』第四七巻、諸宗部四）。ここで想像を逞しくすることが許されるなら、書簡の欠落部分を以下のように補い、「浄土論在現得往生人之伝三巻」とすることも可能ではなかろうか。つまり細字部分「在現得往生人之伝（現に往生を得る人の伝在り）」の末字「伝」と解す可能性を、一つの試案として提示したい。

『文句記』の借覧願い

書簡は次いで『文句記《もんぐき》』第四巻の借用を懇請する。『文句記』は『法華文句記』のことで、天台大師智顗の天台三大部の一つ『法華文句』を湛然《たんねん》が注釈したものである。第四巻を含む巻三下より巻五半ばまでは方便品《ほうべんぼん》の注釈に宛てている（『大正新脩大蔵経』第三四巻、経疏部二）。そして「正しく写し爽《あやまり》を点《なお》し」とか、「甚《はなは》だ意味を理解しがたいので、成義（正しく定めた意味）を書き補い奉ろうと思います。もしご所持でしたら一部すべてをお貸しください。写本を作りたく存じます」とも言っている。

書簡の相手は貴人

　この書簡の宛て所は記されてはいないが、学問僧ではなく、身分の高い貴人であろうことは指摘できる。その理由の一つは、「正しく写し爽《あやまり》を点《なお》し」という文言は、相手がたとえば源信のような高度な知識を有する学僧ではないことを、そして「謹以奉　献（謹んで以て献じ奉る）」「若求出　御者（若《も》し求め出だし御《たま》わば）」「若　御坐者（若《も》し御坐《まし》さば）」といった闕字《けつじ》の用法、書止の「恐々謹啓《きょうきょうきんけい》」など、随所に見られる丁寧な表現も相手が貴人であることを思わせる。

相手との信仰の共通性

　さらに「法文を見たてまつるに非ずんば、何ぞ菩提心を増長せんや、猶、相扶持《たす》けさせ給い、往生極楽、化度《けど》衆生《しゅじょう》の願を遂ぐるのみ（法文を拝見することがなければ、どうして菩提心を増長することができましょうか。互いに扶持け合い、往生極楽と衆生救済の願いをとげるのみでございます）」といった文言には、信仰の共有性を見て取ることができる。

宛所は具平親王か、道長か

　わずかながら、このような条件に合致する人物として、まず思い浮かぶのは具平《ともひら》親王である。前に触れた「心公に贈る古調詩」を想起すれば了解できるであろう。保胤は具平親王に『日本往生極楽記』の潤色を依頼してもいる。こうした書籍の貸借や書写にもっともふさわしい相手である。

しかるに相手の貴人として藤原道長も想定可能である。道長は保胤没後の四十九日諷誦文《ふじゅもん》に「故寂心上人は、弟子において授戒の師なり」と記している。道長の正式な出家は寛仁三年（一〇一九）だから、寂心からは在家者に授けられる菩薩戒《ぼさつかい》を受けたのだろう。その時期は不明だが、病気のため出家を願い出た長徳四年（九九八）三月か長保二年（一〇〇〇）五月のいずれかの可能性が高い。

道長の可能性

書簡は『文句記』借用と補正に続き、京の辺りは物も得がたく、書写も容易でないので、もし恩容あれば田舎の方に下向し、仰せごとに従いたいとある。保胤没後ではあるが、道長は檀那院《だんないん》僧都覚運について『法華文句記』十巻を読み、点を受け終えている（『御堂関白記』寛弘元年七月八日条、八月二日条）。またこの田舎がどこを指すかは不明だが、八葉寺の可能性は決して低くはあるまい。

長徳にせよ長保にせよ、すでに八葉寺は成り、時に自身の住房と京を往還することもあったであろう。後代の記録だが、御堂関白道長が寂心の行状に随喜して八葉寺に仏具等を送ったともあった（『峰相記』）。道長との関係を証する文証としては「心公に贈る古調詩」ほどではないが、授戒を契機として寂心と道長の信仰関係が密になった可能性は低くはない。「互いに扶持け合い、往生極楽と衆生救済の願いをとげるのみでございます」としたためてもさして不都合ではあるまい。

末尾は、「本来お目にかかって申し上げるべきでありますが、いささか所勤のことがございまして他行できません。しばしば心事を申し上げ恐縮に存じます。なにとぞお厭いなさいませぬよう、寂心恐々謹啓」、と結ばれている。いささか所勤のことがあるので他行できないというのも、保胤自身の宗教的所行か八葉寺経営にかかわることかと思われ、これも宛所に道長を想定する可能性を否定するものではない。

以上、いずれも書簡の相手の特定に直結するものではない。具平親王の可能性が第一といっても確実性に欠ける。今は両論を併記して後考を俟《ま》ちたい。

四　寂心の死

保胤は長保四年（一〇〇二）十月二十一日に没した。かれを受戒の師とした藤原道長は、その四十九日に当たり故人の菩提のために諷誦文《ふじゆもん》を大江匡衡《まさひら》に作らせた。布施物の信濃《しなの》布百端《ぬのひやくたん》の請文《うけぶみ》は弟子の寂照が作っている。保胤の死後もっとも早い時期に作られた貴重な記録である。諷誦文の全文をあげる（『本朝文粋』巻十四）。

敬《うやま》ひて白《もう》す
諷誦《ふじゅ》を請《う》けん事
三宝衆僧《さんぼうしゅうそう》御《おん》布施《ふせ》　信濃布百端

右、故寂心上人は、弟子に於いて授戒の師なり。上人入滅の後、七七《しちしち》の忌、今朝已に盈《み》つ。三帰五戒《さんきごかい》、戒香を薫じて恩に答ふ。一字千金、金容《きんよう》を思ひて徳に謝す。昔、韋賢《いけん》の大江公《だいこうこう》に事《つか》へし、敬礼の跡、苔老いたり。今、弟子の寂心上人を訪ふ、恋慕の涙、蓮開く。仍て菩提を飾らんが為に、請《こ》ふ所件《くだん》の如し。敬ひて白す。

長保四年十二月九日　白衣《びゃくえ》弟子《でし》左大臣藤原朝臣敬ひて白す。

諷誦文の大意

故寂心上人は、弟子にとって授戒の師であります。入滅されてから四十九日の忌日は今朝満ちました。香をたいて三帰五戒（仏法僧の三に帰依し殺生・偸盗《ちゅうとう》・邪淫・妄語・飲酒《おんしゅ》の五を犯さないこと）を受けた恩に答え、金色に輝く仏を思い仰ぎその徳に感謝いたします。昔、漢の儒者韋賢が博士大江公に『詩経』を学び、恭敬の礼を尽くしましたが、今、弟子も寂心上人を恋慕し、その蓮開（極楽往生）を願うものであります。よって菩提に資さんがため請うところかくなるものであります。

以上が諷誦文の内容である。

寂照の請文

これをうけて寂照が作った請文がある。御布施のものをたしかに受け取りましたという趣旨の文章である。その中の一文「昔、隋の煬帝《ようだい》の智者《ちしゃ》に報いし、千僧に一を賸《あま》せり。今、左丞相《さじょうそう》の寂公を訪ふ、曝布《ばくふ》百に足れり」は、『新撰朗詠集』（巻下、僧）や『発心集』（巻二「内記入道寂心の事」）にも採録されている。むかし隋の煬帝が、大業《たいぎょう》元年（六〇五）十一月二十四日の天台大師智顗《ちぎ》（智者）の忌日に、四十九人の僧を度し千僧供《せんぞうく》を設けた際、供養を受けた僧の人数が一人多い千一人だったが、これは大師の化身が現れたためだろうという、『仏祖統記《ぶっそとうき》』（巻五三）を典拠とする一文である。

保胤、示寂の日時

さてこの諷誦文によれば、四十九日は長保四年（一〇〇二）十二月九日、逆算して保胤の没年月日は同年十月二十一日になる。この事実を早くから指摘していたのは、西岡虎之助（「入宋僧寂照についての研究」）および辻善之助（『日本仏教史』上世篇）の両氏である。

長徳三年説

これに対して大江匡房《まさふさ》『続本朝往生伝』の保胤伝は、長徳三年（九九七）に東山如意輪寺《にょいりんじ》で没したとし、これをとる研究者も少なくなかった。井上光貞（『日本浄土教成立史の研究』）・久曽神昇（「三河入道寂照の研究」）・増田繁夫（「慶滋保胤伝攷」）などの諸氏である。しかしその論拠としてはわずかに増田氏が、長保四年十二月九日当時、寂照は入宋のため九州に向かう途中、病のため長門国《ながとのくに》（山口県）報恩寺《ほうおんじ》に留まっていて帰京は困難なはずで、したがって請文を作ることは不可能、しばらく没年を長徳三年としておく、と説明している程度であった。

寂照の帰京

この寂照の罹病から帰京、そして再度渡航するまでの足跡を詳細に跡付け、請文の作成が可能なことを証明したのは平林盛得氏（「慶滋保胤の死」）である。その足取りをたどれば以下のようになる。

寂照の渡航申請は長保四年（一〇〇二）三月十五日になされ（『日本紀略』『百錬抄』）、同六月十八日に山崎を出発した（『百錬抄』）。しかし途中病を得、八月十五日長門国報恩寺で弟子皇慶《こうけい》に金剛界《こんごうかい》・胎蔵界《たいぞうかい》両《りょう》部《ぶ》の伝法灌頂《でんぽうかんじょう》秘《ひ》印《いん》を授け後事を託している（印信《いんじん》文は西岡虎之助前掲論文や『大日本史料』に全文紹介）。十月二十一日、寂心死去。師の訃報を聞き急遽上京し、十二月九日、四十九日の法要に出席（この期間の上京は可能というのが平林氏の考証の眼目である）、道長の諷誦文に対する請文を作る。これ以後翌年の再出発まで在京。出発直前に白河の藤原公任《きんとう》別邸に逗留し和歌の贈答があり（『新古今集』九、別離。『公任卿集』）、その後長保五年（一〇〇三）八月、再出航した。このとき源信《げんしん》から「天台宗《てんだいしゅう》疑問《ぎもん》二十七箇条」を北宋の天台宗の僧四明《しめい》知礼《ちれい》に渡すべく託されている。後にその返答が与えられており、日中天台の交流を実現する重要な役割を果たしている。

如意輪寺と如意寺

以上で保胤が長保四年十月二十一日に没したことが明らかになったが、それではかれが六十年の生涯を終えた場所はどこか。これについては、『続本朝往生伝』が「東山の如意輪寺に終りぬ」としている。鎌倉初期頃成立とされる十巻本『伊呂波字類抄《いろはじるいしょう》』も「如意輪寺」を説明して、「件《くだん》の寺、保胤入道、法名寂心居住」としている。

この如意輪寺については、江戸時代の地誌類に如意寺と同寺とされ、現代にも引き継がれてきた。如意寺は桓武天皇の孫高棟王《たかむねおう》の子孫の平氏の氏寺であり、天慶元年（九三八）以前には創建されていた。平時望《たいらのときもち》の創建かとされる（小山田和夫「如意寺の創建に関する覚書」）。白河東の如意山麓に在って、やがて園城寺の別院となり鎌倉時代までは盛大であったが、建武三年（一三三六）、兵火に遭い全山焼亡して以降衰退した。今は遺跡が残るのみとなっている。

寂心終焉の地は如意嶽西麓

しかし最近の研究によれば、この如意寺を如意輪寺と同一とする確かな史料はなく根拠に乏しいこと、また如意輪寺の存在自体も不明であるとされる（小山田和夫前掲論文）。もし『続本朝往生伝』が言うように保胤終焉の場所が如意寺ではなく如意輪寺だったとすれば、まずは如意輪寺の存在が明らかにされなければなるまい。しかしそれは困難であり、残念ながら寂心示寂の地は不明とせざるをえない。ただ大江匡房が如意寺を如意輪寺と誤ったとすれば、如意寺に関して気になる史料はある。保胤は『日本往生極楽記』に沙門増祐伝を採録している。増祐は播磨国賀古郡《かこのこおり》（兵庫県加古郡）の人で、若いころに入京して如意寺に住し、天延四年（九七六）正月晦日にその時を迎えるが、これ以前、寺より五、六町ばかり離れた所に一穴をうがち、その中で念仏を唱えながら即世《そくせい》したという。播磨と如意寺を結ぶ結節点に沙門増祐があり、わずかではあるが保胤と如意寺の可能性を期待させる。しかしそれ以上は不明で、今は播磨国の八葉寺でも池亭でもなく、漠然と比叡山如意嶽の西麓の某所で、長保四年（一〇〇二）十月二十一日に最期を迎えた可能性がある、としておくより他はあるまい。

第七　慶滋保胤の記憶

保胤像の二側面

保胤は没後も多くの人々によって語り伝えられた。ピークは十一世紀〜十三世紀としてよかろう。その後は謡曲「邯鄲《かんたん》」・「養老《よおろお》」などといった芸能や、「長生殿蒔絵手箱《ちようせいでんまきえてばこ》」（徳川美術館所蔵）のような工芸の一部に詩才の片鱗を伝えているが、人間像全体のイメージを指し示すものではない。やがて長い沈黙期に入るが、ここ一世紀ほどは、とくに二十世紀後半に到り、主として日本歴史や中世日本文学などの研究者により浄土信仰の側面から関心が寄せられ、高等学校の教科書に載せられるほどになった。

詞華集と保胤

こうしてみると、やはり保胤が一人の人間として興味を持たれ、叙述の対象になったのは、没後二五〇年くらい、鎌倉時代半ばころまでとしてよい。そしてその間の保胤像は大きく二つに分けられるだろう。一つはすぐれた詩文家としての保胤であり、もう一つは出家後の信心深く慈悲心に溢れた沙門寂心《しやもんじやくしん》である。

保胤生前の記憶としてまず想い起こされたのは、やはり詩文家としての側面であった。

没後間もない十一世紀前半成立の『和漢朗詠集《わかんろうえいしゅう》』には、保胤の詩句が十九句収められている。この句数は、白楽天《はくらくてん》の一三五句は別格として、師の菅原文時《すがわらのふみとき》の四三句、同道《みち》真《ざね》の三八句、以下大江朝綱《おおえのあさつな》・紀長谷雄《きのはせお》などに次ぎ、決して少ない数字ではない。これを大江以言《もちとき》の一一句、天徳・応和の間に才子として並び称された高丘相如《たかおかのすけゆき》の五句、大江匡衡《まさひら》の四句、源為憲《ためのり》の三句と比べてみれば、いっそう了解されるだろう。また十一世紀中ごろに編纂された藤原明衡《あきひら》『本朝文粋《ほんちょうもんずい》』には、二十二の詩文が収録されている。有名な「池亭記」をはじめ、詔勅《しょうちょく》・願文《がんもん》・勧学会《かんがくえ》等での詩序などである。

二つの詞華集の編者の意図や好みを考慮に入れても、やはりすぐれた詩文家との評価は揺らぐまい。

有国、つねに保胤を誹謗す

『江談抄《ごうだんしょう》』は大江匡房《まさふさ》の談話を藤原信西《しんぜい》の父実兼《さねかね》が筆録したもので、十二世紀前半に成立した。保胤に関する話は十三ヵ所にあり、詩文家保胤の人物像を髣髴《ほうふつ》とさせる逸話もある。中でも「勘解相公、保胤を誹謗すること」（第五―六二）は、よく知られている。やや端折《はしょ》った文章なので、意を補って言えば以下のようになろう。

有り有りの主

保胤は、これこれの書籍の中にこれこれの本文があるかどうかを尋ねられると、きまって「有り有り」と答えた。そこで保胤の知識を試そうとした勘解相公有国は、偽りの本文を作ってその有無を問うたところ、またしても「有り有り」と言ったので、嘲って「有り有りの主」と渾名《あだな》したという。

保胤の対応

これを伝え聞いた保胤は反撃の句を作り応酬した。

蔵人所の粥《かゆ》唇を焼く　平雑色《へいぞうしき》の恨《うら》み忘れ難し

蔵人所の粥が熱くて唇に火傷をした。そんな粥を食わせた雑色の平氏への恨みは忘れられない（新日本古典文学大系）

句意は判然としないものの、おそらくは一刀両断、筆誅《ひっちゅう》を加えたのであろう。同年齢と推測される保胤と有国の丁々発止《ちょうちょうはっし》の遣《や》り取りが面白い。表面上の字句にのみとらわれて、両人の不仲を言うだけでは不十分だろう。それとともに詩文家としての矜持《きょうじ》が、どれほどかれらの神経を尖《とが》らせていたかがわかる好例だ。それは出家してもなお捨てきれるものではなかったようで、仁康《にんこう》の五時講における大江匡衡「昔切利天《とうりてん》の安居《あんご》九十日、云々」の作を見て、菩提の妨げになるほど詩心を動かされたとの逸話を少し前に紹介したが、両者は深いところで通じあっている話である。

匡房の保胤への敬意

匡房は保胤の応酬を是《ぜ》とし、「いにしえの人は、みなこのようにしたものだ」と称賛し、逆に有国に対しては「かの人（有国）の瑕瑾《かきん》（欠点、キズ）なり」と言っている。さらにまた保胤に対しては、「仏に仕えるほどの人でも、馬鹿にされれば、その憤りに堪《た》えかねて、こうするものなのか」との感懐をもらしてもいる。

『江談抄』における保胤への評価は敬意をもって示されているとされる。同話を採りあげた『古事談』が、保胤の反撃の句の部分をすべて削除して保胤の知ったかぶりを印象づける「有り有りの主」ばかりを記すのに対して、『江談抄』は保胤の弁護も忘れないからである。またそれは匡房が、その詩風において、菅原文時・慶滋保胤の系列に列なる詩人である、と意識していたからでもあろうとされる（佐藤道生「『古事談』と『江談抄』」・「大江匡房略伝」、同氏前掲『和漢朗詠集　影印と研究』）。

大江匡房の保胤伝

保胤の最古の伝記はその匡房の『続本朝往生伝』保胤伝であるが、詩文家としての保胤像と沙門としての保胤像の原型は、ここにおいてすでに提示されている。伝の前半は出自に始まり、菅三品《かんさんぼん》文時の弟子としてその筆頭と讃えられ、内御書所《うちのごしょどころ》勤務、ついで文章生《もんじょうしょう》試と方略試の及第、内記《ないき》に任じて文筆の才を振い、その佳句は今も人口にありと簡潔に記される。後半は寛和《かんな》二年（九八六）に出家して寂心と名を変え、諸国を経歴して広く仏事をなし、もし仏像経巻あればかならず威儀を整え、深く敬意を払って通り過ぎる。強く逞《たくま》しい牛馬に乗っても慈悲のあまり心痛み涙を流した、とある。

沙門となってからの仏像経巻への尊重と人間や畜生への慈悲は、『今昔物語集』において尾鰭《おひれ》が付けられ、文飾が施されて完成した説話となっている。あるいは『今昔物語集』の創作ではなく、匡房以前にすでにそのような説話ができあがっていて、それを匡房がごく簡略に表現したまでなのかもしれない。いずれにせよ『今昔物語集』では匡房より一転して、人の心理の深奥を巧みに突き、ときに翻弄し手玉に取る、『今昔物語集』らしい辛辣《しんらつ》な話になっている。

『今昔物語集』と沙弥寂心

『今昔物語集』巻十九「内記慶滋ノ保胤出家語第三」は、「心ニ慈悲有テ、身ノ才並ビ無シ」とされる例話を三話集めたものである。ただし出家後の寂心に関するものばかりで、それ以前の保胤については言及されない。だから話の重点は心の慈悲にあり身の才にではない。

法師陰陽師に勧進物を施与

その第一話は、すでに八葉寺《はちようじ》建立に際して紹介した（第六の三）。仏像を造立し堂舎を建立することこそ最高の功徳と心に決め、諸所に勧進して材木を集めていたが、紙冠《かみこうぶり》をかぶり祓をする陰陽師《おんようじ》形の法師に出会い、取りかかってその非を責めるが、生活の窮状を訴えられ、持ち前の慈悲心から勧進物をその法師陰陽師に施与してしまうという話である。

馬は前世の父母

卒塔婆を見るごとに礼拝

第二話は、東山の如意という所に住んでいたとき、ある貴人の召しにより参る道すがら、馬が道々草を食《は》むままにさせたため少しも進まず、苛立《いらだ》った口取の従者が馬の尻を打つと、寂心は従者に取りかかり六道輪廻《りんね》の理を説き聞かせる。いわく、前世の父母も子を愛する執着の罪により地獄にも餓鬼にも堕ち、その報いでこの世で馬になったのであるから、心地よげに草を食む馬を打つのは父母を打つに等しい、なんと無慈悲なことか、と泣き咽《むせ》びつつ、「ああ、もったいなや、もったいなや」と言ってそのまま乗った、という話である。

『続本朝往生伝』の強牛肥馬《きょうぎゅうひば》に乗っても涕泣し、慈悲は禽獣《きんじゅう》にまで及んだとの一文を敷衍《ふえん》したものである。

第二話はさらに続く。行くほどに道端に卒塔婆《そとば》を見つけた寂心は、慌てふためいて馬より下り、平伏し、威儀を正して合掌し、額ずき、何度も礼拝する。再び乗馬するのは、そこを過ぎて卒塔婆が見えなくなってからだ。卒塔婆を見るたびにこのようにしたので、一刻で行くところを早朝から夕刻までかかってしまい、従者は、以後、寂心の御供を辞退したという。

『続本朝往生伝』の、もし仏像経巻あればかならず威儀を整え、深く敬意を払って通

前世の父母の老犬に食を与える

冷笑される過度の慈悲と道心

り過ぎた、という部分を展開した話であろう。

第三話は馬にかわり犬が登場するが同工異曲の話柄である。寂心の下痢物を喰う老犬に、この世に犬畜生に生まれ変わったのは前世の所行の報いであることを教え、輪廻しつつ何度もわが父母になっているこの犬に、不浄の物を食べさせるわけにはいかないからと、翌日、弟子に命じて飯や菜を用意させ与えたところ、若く大きな犬が現われて老犬をつきころがし、飯菜を踏み散らかしてしまった。来世もまた畜生に生れるからと言い聞かせるが、やがてほかの犬も集まり争い喰い、散々な状態になる。

かいつまんで記せば以上のようになるが、『今昔物語集』の真意はこれでは伝わるまい。保胤の慈悲心や道心が主題のようでいて、じつはこれを過度に描写することによって、現実から少々浮き上がった行為、あるいは度が過ぎて現実にそぐわない行為として、軽い嘲りの対象にしているのである。もう少し詳しく紹介すれば以下のようである。

最初の法師陰陽師の話は、かれに大声で取りかかり、紙冠を取って引き破り、泣く泣くその非を責めて、悲しいことだ、さあ私を殺せ、と迫る。異常な剣幕に法師はしばらく何事が起きたのかも理解できないでいたが、やがて「此《こ》レ糸物狂《いとものぐる》ハシキ事也（大変に気違いじみている）」と気を取り直し、おのれの活計の不如意を説明して、結局は保胤から勧進物の施与をうける。
また道草を食む馬や与えられた食べ物を争い喰い散らかす犬が前世の父母だというのも、因果応報とか輪廻の教理を従者や犬に振りかざし、繰返すだけで、かえって嘲笑を買う体《てい》のものになっている。馬の口取の従者は「可咲《おかし》」と、保胤の理屈などまったく信用していない様子だし、畜生の本性むき出しの犬に道を説く寂心を覗《のぞ》き見た隣房の僧は、仏教の知識はある人だけれども、犬の心を知らないでその前生のことを思って敬っても、犬が理解するわけもなかろうに、と冷笑するのである。そして以上を総括して、「内記慶滋ノ保胤出家語」の末尾は、「内記ノ聖人《しょうにん》ト云テ、知《さと》リ深ク道心盛リニシテ止事無《やむごとな》カリケリトナム語リ伝ヘタルトヤ」という、空々しく皮肉に満ちた褒め言葉で結ばれる。

受容されにくい教理

伝来して数百年、社会の隅々に行き渡り生活の襞《ひだ》にまで浸透するに至った仏教は、否応なしに人々の生活習慣や倫理に直面することになる。八万四千の仏の教えの中で、日本人にもっとも理解されにくかったものの一つが輪廻の思想である。牛馬や犬が前世の父母と言われても、にわかには信じられないのが一般であろう。先祖を記した家系図を尊ぶ心は、輪廻の思想と根本的に相容れない。それを声高に叫び強要しても不審や反撥を招くだけであり、到底、信頼を得ることはできまい。保胤の実像が本当にそのようであったかどうかはわからないが、『今昔物語集』の編者は保胤をそのような人物として強調し冷笑している。何故か。

建前から振舞いへ

この問題は編者の好みともかかわろうが、この時期前後に顕著になるいわゆる文化の国風化の問題と無関係ではない。儒教や仏教といった外来文化の理念や教理が、政治や人々の行動原理として是とされた時代から、政治や社会の実情に応じた適切な行為や処理能力が重視される時代へと、大転換を遂げつつあったのが平安時代後半であった（大隅和雄「古代末期における価値観の変動」）。杓子定規で硬直した理窟より臨機応変の的確さが重宝がられるのはいつの時代でもそうだが、この時期にとくにその思潮が顕著になる。これが学者や高僧の個人的処世の烏滸《おこ》の話で済まされるのではなく、かれらが担っていた儒学や仏教の価値の低落と結び付けて語られれば立派な文化論になる。

和魂つゆなかりける博士

よく知られた話をもう一つ。『今昔物語集』巻二十九「明法博士善澄、強盗ニ殺サルル語第二十」である。明法博士《みょうぼうはかせ》の清原善澄《よしずみ》はある時強盗に押し入られるが、幸いに板敷きの下に隠れて難を逃れた。昔の博士にも劣らないほどの才の持ち主の善澄ではあったが、心に任せて物を盗り室内を散々に荒して出て行った強盗があまりに癪《しゃく》に障り、その背後から「ヤイ、貴様ら。お前たちの顔は見たぞ、検非違使《けびいし》の別当に訴えて片端から逮捕させてやる」と叫んだため、引き返した強盗に殺されてしまう。

これについて「善澄、才《ざえ》ハ微妙《めでた》カリケレドモ、ツユ和魂《やまとだましい》無カリケル者ニテ、カカル心幼キ事ヲ云テ死ヌル也」と、『今昔物語集』の評語は痛烈である。才は漢才《からざえ》で大陸の学問や教養、和魂は事に応じてよく対処する能力といったところだろう。事実、清原善澄がこのような人物であったかどうかは問題ではない。漢才と和魂の価値の軽重こそが問われていると解したい。

『今昔物語集』が保胤を採りあげた意味

和魂漢才とか価値観の変質、総じて言えば文化の国風化にかかわる言動の一つとして『今昔物語集』のある種の説話があったとすれば、保胤の説話もそのような文脈で読み解かれるべきだろう。保胤の生涯を回顧して析出してくるのは、儒教と仏教の双方を真《しん》摯《し》に受容し、正しく生きようとした人物像である。このあたかも外来文化の申し子のような人間像が、『今昔物語集』の編者には恰好《かっこう》の料理の対象として映ったのである。

『発心集』の保胤像

鴨長明《かものちょうめい》の作とされる『発心集《ほっしんしゅう》』第二にも「内記入道寂心の事」があり、堂塔や卒都婆を見るたびに拝礼し、馬を前世の父母と憐れんだ話が『今昔物語集』と共通している。独自のものとしては、主人の石帯《せきたい》（儀式や行事に着用した革製のベルト。金銀・玉・石類の装飾を施した）を失くして泣く女に自分の石帯を貸し与えたため、かえっておのれの執務に差し支えたとの話、保胤が横川《よかわ》に住していたころの増賀《ぞうが》に『摩訶止観《まかしかん》』を学び、「止観の明《めい》静《じょう》なること、前代未だ聞かず」の件《くだり》を聞くたびに号泣し、増賀に鉄拳をうけるほどに叱責されるが、いくら叱られても同じことを繰り返すので、ついに増賀も根負けしてともに涙を流したという話などがある。

いずれも保胤の慈悲心や道心をテーマにしているが、それを素直に受け容れ、過度の道心と慈悲心として脚色していないのが『今昔物語集』との違いである。『発心集』に登場する人々がしばしば示す、激情・妄執・狂気・恩愛などは、長明自身の一生を色濃く隈取《くまど》っているものであるともされるが（三木紀人校注『方丈記　発心集』新潮社、一九九八年）、保胤に限っては激情や狂気といった印象は最終的には残らない。深い道心と慈悲心に溢れた保胤は尊敬すべき人物として描かれていて、決して冷笑や揶揄の対象にされることはない。この点やはり『今昔物語集』の保胤像は『発心集』とは異質である。

保胤像の曖昧化

『発心集』以後の保胤像は朦朧《もうろう》となり、明確な像を結ばなくなる。たとえば『撰集《せんしゅう》抄《しょう》』巻五第三「内記入道保胤慈悲深キ事」は、犬の食物をめぐるいがみ合いに、さめざめと泣く保胤を見て慈恵大師（良源）が「ただ人にてはおはせず」と感心したが、ついに保胤は出家した、とごく簡略に粗筋《あらすじ》が語られ、あとは慈悲の一般論が説かれるばかりである。これでは主題がどこにあるのか—慈悲深いことなのか、良源の感心なのか、出家したことなのか—、がまったくわからない。保胤を引き合いには出しているが、その人間像については何の関心も有していない。他に、源信が「水観」の観法を修して一室に水をたたえたのに対し、保胤が「枕」を水中に投げ入れてこれを破るといった秘術の話もあるが、かかる荒唐無稽に至っては史上の保胤に還元しようもなく、保胤像は完全に解体していると言わざるをえない。

慶滋保胤像の変遷

このように見てくると、慶滋保胤は十世紀に活躍し、十一世紀を中心にすぐれた詩文家として回顧され、十二世紀になると慈悲心に満ちた沙門としての評価も加わるが、反面、過度の慈悲心に脚色されてある種文化批評の対象とされる。しかし十三世紀の隠遁者によって、一途な道心者として評価され続ける。だがそれもその世紀の後半には、保胤の像は明確な焦点を結ばなくなり、やがて詩文の断片は愛唱されても、一個の人間としての認知度は急速に低下して長い時が過ぎる。そして二十世紀の後半、古代〜中世の浄土教に対する関心が高まったころ、勧学会や往生伝や「池亭記」とともに数百年の眠りを醒まされることになるのである。さらに近年は保胤本来の文人としての側面が注目され、その詩文の丹念な読み解きが試みられている。また視野を拡げ、宋を中心とする東アジア文化圏の中で、保胤を考察しようとする新たな動きも見られる。本書にそうした新潮流を十分とり入れることは叶わなかったが、今後の保胤伝に期待して筆をおきたい。

賀茂氏略系図（壬生本『医陰系図』所収「賀茂氏系図」を基本として作成）

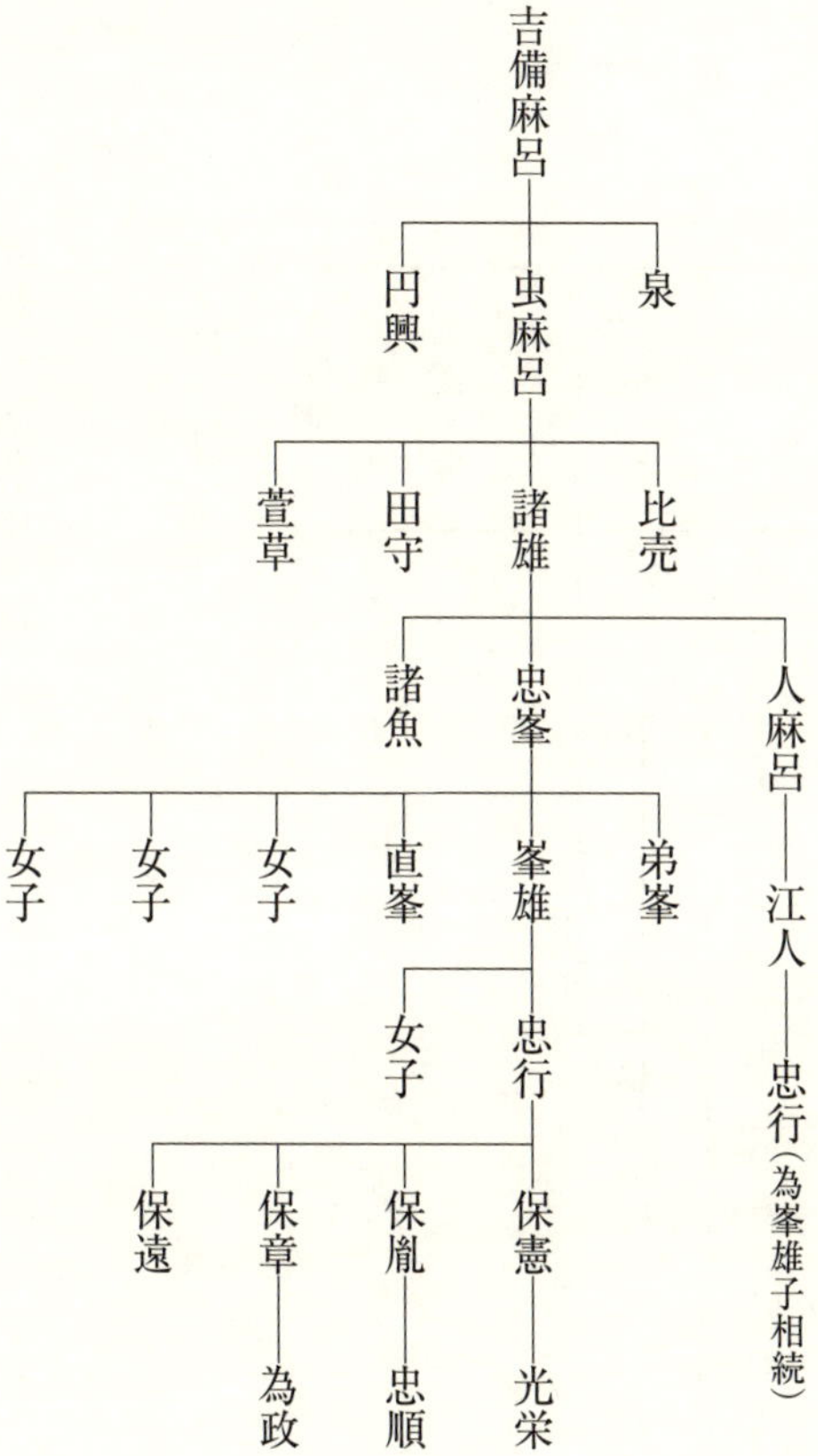

主要関係人物略系図

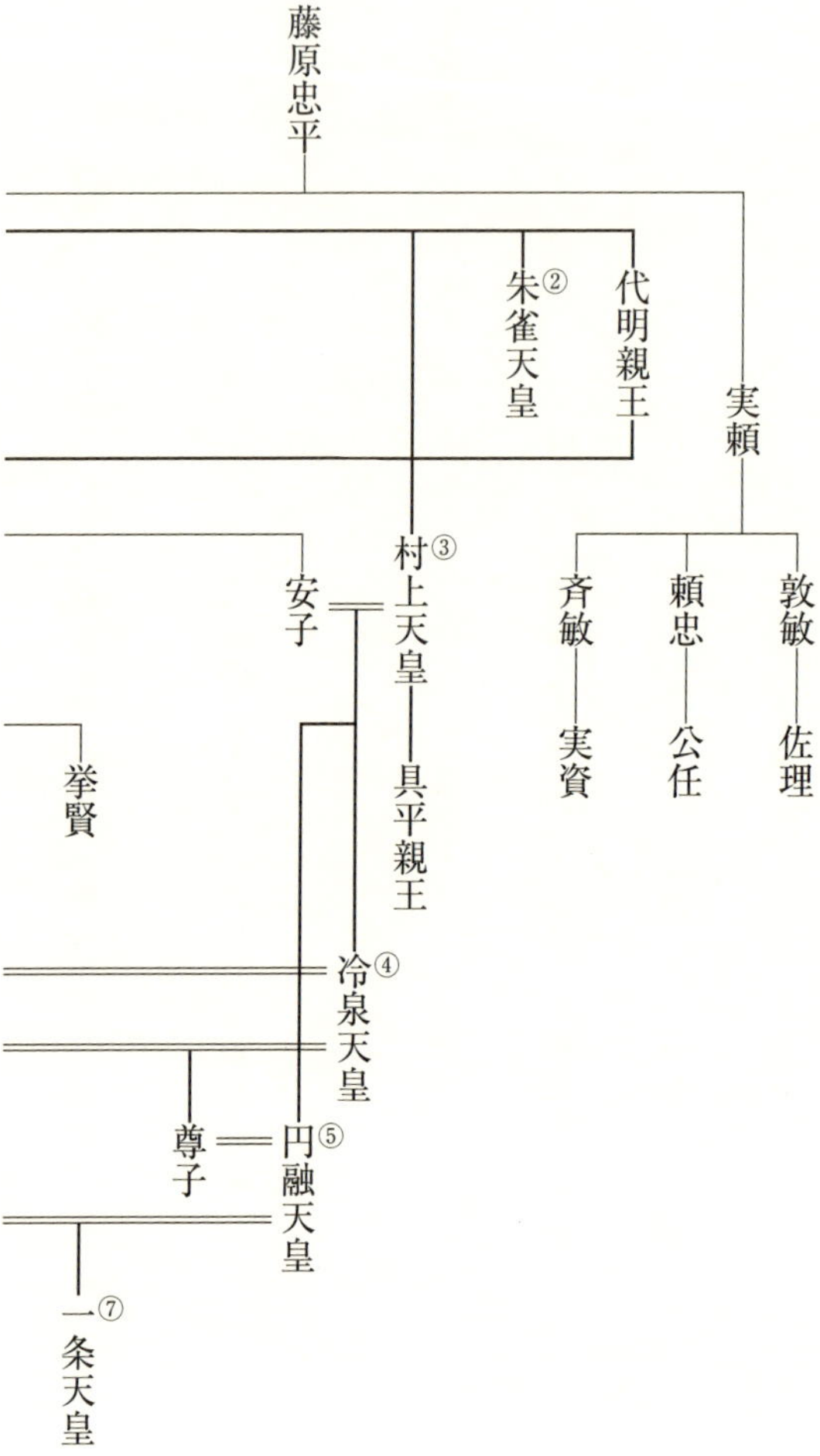

藤原忠平
実頼
敦敏
佐理
頼忠
公任
斉敏
実資
代明親王
朱雀天皇②
村上天皇③
具平親王
安子
挙賢
冷泉天皇④
円融天皇⑤
尊子
一条天皇⑦

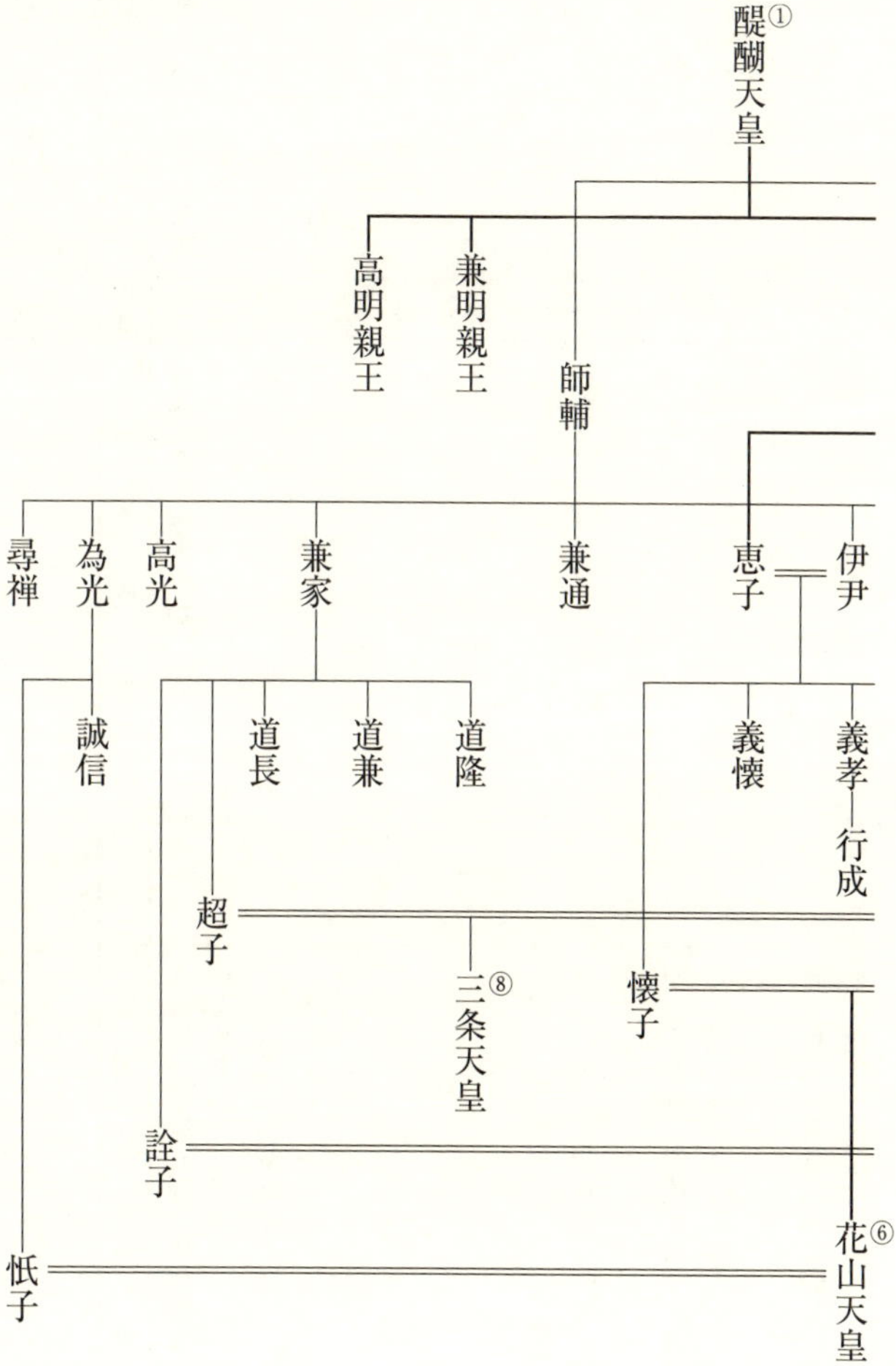
醍醐天皇①
兼明親王
高明親王
師輔
伊尹
恵子
兼通
兼家
高光
為光
尋禅
義孝
義懐
行成
道隆
道兼
道長
誠信
超子
三条天皇⑧
懐子
詮子
花山天皇⑥
忯子

略年譜

和暦	西暦	天皇	年齢	保胤事蹟	関連事項
天慶六	九四三	朱雀	一	保胤、この年誕生か	この年、藤原有国・藤原惟成誕生厳久誕生
七	九四四		二		
八	九四五		三		七〜八月、志多良神上洛
九	九四六	村上	四		
天暦元	九四七		五		
二	九四八		六		
三	九四九		七		
四	九五〇		八		
五	九五一		九		秋、空也、西光寺（六波羅蜜寺前身）の十一面観音像・四天王像を造立
六	九五二		一〇		四月二七日、賀茂保憲、所帯の爵を父忠行に譲ることを請う○大江匡衡誕生
七	九五三		一一		賀茂保憲、日延入宋に際し新暦の将来を奏聞

八	九五四		一二		一〇月、菅原文時、右少弁に任ず○一〇月一八日、藤原師輔、横川に法華三昧堂を供養
九	九五五		一三	大学入学、字は茂能、菅原文時を師とす	大江以言誕生
一〇	九五六		一四		七月二三日、炎旱により恩赦を行う○一一月二一日、菅原文時、子息惟熙のため学問料の給与を請う
天徳元	九五七		一五	学生の身分で内御書所に出仕	六月、菅原文時、文章博士に任ず(～天元三年)○一二月二七日、菅原文時「意見封事三箇条」を作る○日延帰朝、『瑞応伝』等を将来
二	九五八		一六		五月一七日、疾疫流行により諸社寺に『仁王経』を転読させる
三	九五九		一七		二月二五日、藤原師輔、北野社を増築○一二月二日、兼明親王「池亭記」を作る
四	九六〇		一八		九月二三日、遷都以来はじめて内裏焼亡○一〇月五日、大学寮南寮東曹司・算堂焼失
応和元	九六一		一九	天徳～応和の間、高丘相如とならび才子とたたえられる	二月一六日、皇居火災等により改元○一二月五日、藤原師輔子高光出家

応和	二	九六二		二〇		五月二九日、鴨川決壊○一二月二二日、賀茂保憲、革令勘文を奉る
	三	九六三		二一	三月一九日、三善道統主催の善秀才宅詩合に参加	八月二一日、清涼殿において法華八講の後、天台・南都各十僧による論義を行う（応和宗論）○八月二三日、空也、大般若経供養会・万灯会を行う
康保	元	九六四		二二	この年より勧学会始まる、保胤、竪義論義を記録	六月一九日、具平親王誕生○賀茂保憲・三善道統らを召し、今年が革命の年か否かを問う
	二	九六五		二三		高丘相如、内御書所に候ず
	三	九六六		二四		八月二七日、良源、天台座主となる○閏八月一九日、洪水で五条六条及び桂川辺海となる
	四	九六七	冷泉	二五		
安和	元	九六八		二六		六月四日、延暦寺六月会にはじめて広学竪義を行う
	二	九六九	円融	二七	三月一三日、大納言藤原在衡の粟田山荘における尚歯会に陪席	三月二六日、安和の変、源高明を大宰員外帥に左遷○四月一日、源高明の西宮第焼失
天禄	元	九七〇		二八		七月一六日、良源二六箇条制式を定

	二	九七一		二九	この年、具平親王八歳、保胤、橘正通とともに侍読となるか	め山内の綱紀を粛正○一二月二七日、源為憲『口遊』を著す
	三	九七二		三〇		正月二八日、賀茂保章、権少外記○四月二〇日、源高明帰京○空也没
天延	元	九七三		三一	この頃より貞元元年以前に文章生になるか	
	二	九七四		三二	八月一〇日、勧学会所の堂舎を建立するため日向守橘倚平に送る牒を作る、同じく知識文を作る	九月、藤原伊尹子挙賢・義孝兄弟没○一一月一八日、朔旦冬至につき賀茂保憲従四位下に叙さる○一一月二八日、賀茂保章大外記に昇任
	三	九七五		三三	五月一一日、日向守橘倚平より返牒あり	正月七日、賀茂保章、慶滋に改姓
貞元	元	九七六		三四	この頃、賀茂より慶滋に改姓するか○この年頃、近江掾に任じるか	五月内裏焼亡○六月一八日、大地震により八省院・豊楽院・東寺・西寺・極楽寺等顚倒、また近江国衙破壊するか○七月一三日、大地震により改元
	二	九七七		三五	八月一六日、左大臣藤原頼忠主催の前栽歌合に出席（近江掾）	二月、保胤兄賀茂保憲没（六一歳）○四月、左大臣兼明親王、兼通の画策により二品親王に復し、一二月、中務卿に任ぜらる○中信、西光寺を

年号	年	西暦	天皇	年齢	事跡	参考事項
天元	元	九七八		三六		再興し六波羅蜜寺と改称
	二	九七九		三七		正月、慶滋保章任和泉守、保胤父賀茂忠行この前後に没するか
	三	九八〇		三八	三月、源順任能登守に餞別の詩序を作る	
	四	九八一		三九	この年までに内記になるか	九月八日、菅原文時没
	五	九八二		四〇	七月一三日、奝然入宋のとき母のための修善の願文を作る○八月一五日、奝然のため長安青竜寺宛ての牒状を作る○一〇月、「池亭記」を著す、六位内記○一一月一七日、奝然餞別の詩序を作る○この頃、『日本往生極楽記』初稿本起筆	一二月一六日、源高明没○藤原有国「懐旧命飲」(康保文友)の詩を作る○これ以前、橘倚平・菅原輔昭・橘正通・三統篤信没
永観	元	九八三		四一	四月一五日、改元詔を作る○七月二八日、石清水検校四十九日のための諷誦を修する文を作る	源順没○八月一日、奝然入宋の途につく
	二	九八四	花山	四二	『往生要集』起筆の年末以前(遅くも翌年四月脱稿以前)、『日本往生極楽記』初稿本成るか○一二月八日、内御書所覆勘になる○一二月一三日、花山天皇外祖母恵子女王に封戸年官年爵を充てる勅を作る○一二月二八日、水旱により封事を奉らせる詔を作	八月二七日、花山天皇践祚○八月二九日、円融院出家○一一月二八日、破銭法を定め、延喜二年以後の荘園を停止す○一一月、源為憲『三宝絵』成る○一一月、源信『往生要集』起筆

寛和 元	九八五		四三	る○この頃、従五位下大内記になるか○この年三月、「七言暮春於六波羅蜜寺供花会聴講法華経同賦一称南無仏」の詩序を作るか○四月二七日、改元詔を作る○六月一七日、尊子内親王四十九日のための願文を作る○閏八月二日、藤原為光女忯子の四十九日のための願文を作る○この年頃、「十六相讃」成るか	正月三日、良源没○三月二二日、円融院東大寺にて受戒○四月、源信『往生要集』成る○五月二日、尊子内親王没○七月一八日、忯子没○具平親王、性空への讃詩を作る
二	九八六	一条	四四	春（出家以前）、具平親王書閣にて詩会、藤原惟成・菅原資忠らと詩席に陪す○四月二二日、出家（沙弥心覚）○夏、飯室安楽谷念仏会の縁起を草す○七月二〇日、菅丞相廟に報賽する願文を作る○九月一五日、「横川首楞厳院二十五三昧起請」（八箇条）を草す	五月二三日、二十五三昧会発足○六月二三日、花山天皇出家、翌日、藤原義懐・同惟成出家○七月二八日、花山院書写山に登山○奝然帰朝○この年頃、大江定基三河守に任ずるか○この年の春夏、出家するもの多し
永延 元	九八七		四五	二月五日、石山寺付近での漁獲禁止を請う奏状を作るか○この頃、書写山性空への讃詩を作る	正月二〇日、奝然入京○五月二一日、菅原資忠没○五月二六日、円教寺を花山天皇御願寺とす○九月二六日、兼明親王没○一〇月七日、書写山円教寺講堂供養、願文惟成入道寂空作、厳久供奉す

永延 二	九八八	四六	正月一五日、源信、『往生要集』とともに『慶氏日本往生伝』・「十六相讃」を宋に送る○四月二六日、大江定基出家の師となる	四月二六日、大江定基出家○一〇月一七日、源信、大江為基を檀越として横川首楞厳院根本如法堂を修理○一一月八日、尾張の郡司・百姓等、国守藤原元命の非法を訴える○この頃、源信・真静ら性空を讃嘆する詩を作る
永祚 元	九八九	四七		三月七日、大江定基初度の入宋申請○一一月、藤原惟成没
正暦 元	九九〇	四八	前年三月七日以後この年頃より寂心と称すか	一二月一四日、具平親王、大江匡衡等を招き詩宴を催す
二	九九一	四九	三月一八日、仁康の河原院五時講に出席して大江匡衡作の願文に詩心を動かされる	二月二九日、具平親王『弘決外典鈔』成る○三月一八日、仁康、河原院で五時講を修す○冬、花山院、熊野に参詣
三	九九二	五〇		九月二七日、恵子女王没
四	九九三	五一		正月一一日、禅林寺焼失す○八月、慈覚門徒、千手院房舎を焼き、智証門徒千余人を山門より追出す
五	九九四	五二	正暦年中、八徳山八葉寺建立	
長徳 元	九九五	五三	冬頃、性空より湯釜を送られる	五月一一日、藤原道長に内覧の宣旨

						を賜う
	二	九九六		五四		四月二四日、藤原伊周・同隆家を各々大宰権帥・出雲権守に左遷○七月二〇日、藤原道長を左大臣に任ず
	三	九九七		五五		
	四	九九八		五六		
長保	元	九九九		五七		一二月一五日、紀斉名没
	二	一〇〇〇		五八		二月二五日、藤原遵子を皇太后、同定子を皇后、同彰子を中宮とす
	三	一〇〇一		五九		
	四	一〇〇二		六〇	一〇月二一日、没○一二月九日、保胤の四十九日法要に藤原道長が諷誦を修し、寂照、請文を作る	
	五	一〇〇三				八月二五日、寂照入宋す、源信、宋僧知礼への『天台宗疑問二十七条』を託す

主要参考文献

一　主要史料と注釈

『大日本史料』第二編第四、長保四年十二月九日条（保胤関連記事）　岩波書店　一九七四年
『往生伝　法華験記』（日本思想大系）　吉川弘文館、岩波書店
『本朝文粋』所収保胤作品（国史大系、新・旧日本古典文学大系）　富山房　一九二二年
柿村重松『本朝文粋註釈』　吉川弘文館
『朝野群載』新訂増補国史大系　小学館　一九九九年
菅野禮行校注・訳『和漢朗詠集』（日本古典文学全集）　汲古書院　一九九二年
大曾根章介・佐伯雅子共編『校本 本朝麗藻 附索引』　勉誠社　一九九三年
川口久雄・本朝麗藻を読む会編『本朝麗藻簡注』　岩波書店　一九九七年
『江談抄』（新日本古典文学大系）　岩波書店　二〇〇五年
『古事談　続古事談』（新日本古典文学大系）　岩波書店
『今昔物語集』（新・旧日本古典文学大系）　岩波書店
坂本幸男・岩本裕訳注『法華経』（岩波文庫）　岩波書店

二　主要論文・著書

池上洵一「『今昔物語集』本朝仏法部の基盤—その始発部分を中心に—」（『今昔物語集』三、新日本古典文学大系）　岩波書店　一九九三年

石井義長『空也上人の研究』　法蔵館　二〇〇二年

伊藤大輔「似絵と尚歯会図」（『肖像画の時代』）　名古屋大学出版会　二〇一一年

井上光貞『日本浄土教成立史の研究』（『井上光貞著作集』七）　岩波書店　一九八五年

今井源衛『花山院の生涯』（『今井源衛著作集』九）　笠間書院　二〇〇七年

今西祐一郎「「火の宮」尊子内親王—「かかやくひの宮」の周辺—」（『国語国文』五一—八）　一九八二年

今堀太逸「六波羅蜜寺と市聖空也」（伊藤唯真編『浄土の聖者空也』）　吉川弘文館　二〇〇五年

追塩千尋「日本往生極楽記について」（『日本中世の説話と仏教』）　和泉書院　一九八六年

大隅和雄『方丈記に人と栖の無常を読む』　吉川弘文館　二〇〇四年

大隅和雄「古代末期における価値観の変動」（『中世仏教の思想と社会』）　名著刊行会　二〇〇五年

大曾根章介「康保の青春群像」（『日本漢文学論集』第一巻）　汲古書院　一九九八年

大曾根章介　「具平親王の生涯」（上・下）、「源順」、「源英明と橘在列」（『日本漢文学論集』第二巻）　汲古書院　一九九八年
大山岩根　「羅隠詩小考」（『亜細亜大学学術文化研究』二一）　二〇一二年
小原仁　『文人貴族の系譜』　吉川弘文館　一九八七年
小原仁　『源信』　ミネルヴァ書房　二〇〇六年
小原仁　「女人往生者の誕生」、「摂関時代における「日本仏教」の構想」（『中世貴族社会と仏教』）　吉川弘文館　二〇〇七年
朧谷寿　「平安中・後期の平安京の沿革」（『平安貴族と邸第』）　吉川弘文館　二〇〇〇年
小山田和夫　「如意寺の創建に関する覚書」（『古代文化』四五―二）　一九九三年
勝浦令子　「尼削ぎ攷―髪型からみた尼の存在形態―」（大隅和雄・西口順子編『尼と尼寺』）　平凡社　一九八九年
川合康三　『白楽天―官と隠のはざまで―』　岩波書店　二〇一〇年
久曽神昇　「三河入道寂照の研究」（『愛知大学綜合郷土研究所紀要』五）　一九六〇年
工藤重矩　「内御書所の文人」、「「和歌を業とする者」の系譜（二）」（『平安朝律令社会の文学』）　ぺりかん社　一九九三年
後藤昭雄　「慶滋保胤」（『日本文学と仏教』第一巻）　岩波書店　一九九三年
後藤昭雄　「安和二年粟田殿尚歯会詩」、「『勧学会記』について」、「北野作文考」、「〈無

名仏教摘句抄〉について」（『平安朝漢文文献の研究』）　吉川弘文館　一九九三年
後藤昭雄「橘在列＝尊敬」（『天台仏教と平安朝文人』）　吉川弘文館　二〇〇二年
後藤昭雄「学生の字について」（『平安朝漢文学論考』補訂版）　勉誠出版　二〇〇五年
後藤昭雄『本朝文粋抄』（一～三）　勉誠出版　二〇〇六年・二〇〇九年・二〇一四年
小松茂美『藤原忠通筆勧学会記』　講談社　一九八四年
（別冊解説書のみ『小松茂美著作集』二二　旺文社　一九九八年）
笹川博司「藤原惟成生没年攷—付・年譜」（『和歌文学研究』八四）　二〇〇二年
佐藤哲英「慶保胤の十六相讃」（『叡山浄土教の研究』第一部第二章）　百華苑　一九七九年
佐藤道生「慶滋保胤伝の再検討」（『説話文學研究』四八）　二〇一三年
佐藤道生『三河鳳来寺旧蔵 暦応二年書写　和漢朗詠集　影印と研究』　勉誠出版　二〇一四年
新川登亀男「奈良時代のカモ朝臣—奈良朝後期の意識に関する断章—」（『日本女子大学文学部紀要』三〇）　一九八一年
杉崎重遠「善滋為政朝臣」（『勅撰集歌人伝の研究』脱稿一九四〇年）　新典社　一九八八年
雋雪艶「「池上篇」から「池亭記」『方丈記』まで—その思想的特徴をめぐって—」（『和漢比較文学』一七）　一九九六年

薗田香融「山の念仏―その起源と性格―」(『平安仏教の研究』) 法藏館 一九八一年
薗田香融「慶滋保胤とその周辺―浄土教成立に関する一試論―」(『源信』日本名僧論集四) 吉川弘文館 一九八三年
高田信敬「年齢表記法について―「旬・ぢ」の場合―」(一)(二)(三)(四)(『鶴見大学国語教育研究』五七・五八・五九・六〇) 二〇〇八―二〇一〇年
高田義人「『朝野群載』写本系統についての試論―慶長写本・東山御文庫蔵・三条西本・葉室本を中心として―」(『書陵部紀要』五四) 二〇〇三年
高田義人「『朝野群載抄』について」(國學院大學栃木短期大学史学会『栃木史学』一八) 二〇〇四年
詫間直樹・高田義人「壬生本『医陰系図』所収「賀茂氏系図」「安倍氏系図」翻刻」、「『医陰系図』解題―壬生本を中心として―」(同氏共編著『陰陽道関係史料』) 汲古書院 二〇〇一年
武覚超「天台大師画讃註」(『比叡山仏教の研究』) 法藏館 二〇〇八年
竹内理三「「入呉越僧日延傳」釋」(『日本歴史』八二) 一九五五年
竹内理三「上代初期における道術について―陰陽道賀茂の源流に関する一考察―」(『古代から中世へ』上) 吉川弘文館 一九七八年
田中久夫「慶滋保胤と佐保の神と住吉の神―杣山の建築用材輸送をめぐる問題―」

（『御影史学論集』三八）　二〇一三年
角田文衞「慶滋保胤の池亭」（『王朝の映像』）　東京堂出版　一九七〇年
角田文衞「文章博士家経の邸宅」（角田文衞著作集4『王朝文化の諸相』）　法蔵館　一九八四年
虎尾俊哉「慶滋保胤の改姓」（『古代東北と律令法』第五章）　吉川弘文館　一九九五年
西岡虎之助「奝然の入宋に就いて」、「入宋僧寂照についての研究」（『文化史の研究』一、西岡虎之助著作集三）　三一書房　一九八四年
西口順子「『転女身経』と『転女成仏経』―東京国立博物館蔵『転女成仏経』について―」（『尼寺文書調査の成果を基盤とした日本の女性と仏教の総合的研究』）　二〇〇六年
萩谷朴『平安朝歌合大成』（第二巻、増補新訂）　同朋舎　一九九五年
速水侑『弥勒信仰―もう一つの浄土信仰―』　評論社　一九七一年
速水侑『源信』（人物叢書）　吉川弘文館　一九八八年
速水侑「源為憲の世界―勧学会文人貴族たちの軌跡―」（『奈良・平安仏教の展開』）　吉川弘文館　二〇〇六年
速水侑「摂関期文人貴族の時代観―『三宝絵』を中心に―」（『平安仏教と末法思想』）　吉川弘文館　二〇〇六年

平林盛得「花山法皇と性空上人」、「沙弥教信説話の変貌」（『聖と説話の史的研究』）吉川弘文館　一九八一年
平林盛得「摂関期における浄土思想の一考察」、「大陸渡来の往生伝と慶滋保胤」、「中書大王と慶滋保胤」、「慶滋保胤の出家前後の諸問題」、「慶滋保胤書状を考える」、「慶滋保胤の死」（『慶滋保胤と浄土思想』）吉川弘文館　二〇〇一年
平林盛得「慶滋保胤の改姓をめぐって」（『日本歴史』六四八）　二〇〇二年
ベルナール・フランク『風流と鬼―平安の光と闇―』平凡社　一九九八年
真壁俊信「菅原文時伝」（『天神信仰史の研究』）続群書類従完成会　一九九四年
増尾伸一郎「源為憲と初期天台浄土教―慶滋保胤との対比を通じて―」（『三宝絵を読む』）吉川弘文館　二〇〇八年
増田繁夫「慶滋保胤伝攷」（『国語国文』第三三巻六号）　一九六四年
増田繁夫「花山朝の文人たち」（『源氏物語と貴族社会』）吉川弘文館　二〇〇二年
村井康彦『平安貴族の世界』徳間書店　一九六八年
目崎徳衛「能因の伝における二、三の問題」（『平安文化史論』）桜楓社　一九六八年
目崎徳衛「数奇と遁世」（『西行の思想史的研究』）吉川弘文館　一九七八年
桃裕行『上代学制の研究』（修訂版　桃裕行著作集一）思文閣出版　一九九四年
森蘊『「作庭記」の世界』日本放送出版協会　一九八六年

森　　暢「尚歯会絵」(『歌仙絵　百人一首絵』)　角川書店　一九八一年
森川昭賢「我が國に於ける迦才『浄土論』の流傳」(『仏教史学』三―三)　一九五二年
柳井　滋「勧学会における釈教詩」(『共立女子大学短期大学部紀要』七)　一九六三年
柳井　滋「経句題の詩について―勧学会における釈教詩〈続〉―」(『共立女子大学短期大学部紀要』八)　一九六四年
山岸常人「寺院法からみた内陣・礼堂」(『中世寺院社会と仏堂』)　塙書房　一九九〇年
山下克明『平安時代の宗教文化と陰陽道』　岩田書院　一九九六年
山田昭全「勧学会と狂言綺語観」(『講会の文学』第一編　山田昭全著作集一)　おうふう　二〇一二年
山田孝雄『三宝絵略注』　宝文館　一九五一年
吉原浩人「慶滋保胤勧学会詩序考―白居易との関連を中心に―」(吉原浩人・王勇編『海を渡る天台文化』　勉誠出版　二〇〇八年
吉原浩人「慶滋保胤六波羅蜜寺供花会詩序考―勧学会詩序との関連において―」(『多元文化』一)　二〇一二年
李　宇玲「平安朝における唐代省試詩の受容―九世紀後半を中心に―」(『古代宮廷文学論』)　勉誠出版　二〇一一年

著者略歴

一九四四年生まれ
一九七二年北海道大学大学院文学研究科博士課程単位取得満期退学
聖心女子大学教授を経て
現在　聖心女子大学名誉教授

主要著書
『文人貴族の系譜』(吉川弘文館、一九八七年)
『源信』(ミネルヴァ書房、二〇〇六年)
『中世貴族社会と仏教』(吉川弘文館、二〇〇七年)

人物叢書　新装版

慶滋保胤

二〇一六年(平成二十八)四月二十日　第一版第一刷発行

著　者　小原《おばら》　仁《ひとし》
編集者　日本歴史学会
代表者　笹山晴生
発行者　吉川道郎
発行所　株式会社　吉川弘文館
東京都文京区本郷七丁目二番八号
郵便番号一一三―〇〇三三
電話〇三―三八一三―九一五一〈代表〉
振替口座〇〇一〇〇―五―二四四
http://www.yoshikawa-k.co.jp/
印刷＝株式会社 平文社
製本＝ナショナル製本協同組合

ISBN978-4-642-05279-5

『人物叢書』(新装版)刊行のことば

人物叢書は、個人が埋没された歴史書が盛行した時代に、「歴史を動かすものは人間である。個人の伝記が明らかにされないで、歴史の叙述は完全であり得ない」という信念のもとに、専門学者に執筆を依頼し、日本歴史学会が編集し、吉川弘文館が刊行した一大伝記集である。

幸いに読書界の支持を得て、百冊刊行の折には菊池寛賞を授けられる栄誉に浴した。

しかし発行以来すでに四半世紀を経過し、長期品切れ本が増加し、読書界の要望にそい得ない状態にもなったので、この際既刊本の体裁を一新して再編成し、定期的に配本できるような方策をとることにした。既刊本は一八四冊であるが、まだ未刊である重要人物の伝記についても鋭意刊行を進める方針であり、その体裁も新形式をとることとした。

こうして刊行当初の精神に思いを致し、人物叢書を蘇らせようとするのが、今回の企図である。大方のご支援を得ることができれば幸せである。

昭和六十年五月

日本歴史学会
代表者　坂本太郎

国姓爺　野中兼山　隠元　徳川和子　酒井忠清　朱舜水　池田光政　山鹿素行　井原西鶴　松尾芭蕉　三井高利　河村瑞賢　徳川光圀　契沖　市川団十郎　伊藤仁斎　徳川綱吉　貝原益軒　前田綱紀　近松門左衛門　新井白石

鴻池善右衛門　石田梅岩　太宰春台　徳川吉宗　大岡忠相　賀茂真淵　平賀源内　与謝蕪村　三浦梅園　毛利重就　本居宣長　山村才助　木内石亭　小石元俊　山東京伝　杉田玄白　塙保己一　上杉鷹山　大田南畝　只野真葛　小林一茶

大黒屋光太夫　松平定信　菅江真澄　島津重豪　狩谷棭斎　最上徳内　渡辺崋山　柳亭種彦　香川景樹　平田篤胤　間宮林蔵　滝沢馬琴　調所広郷　橘守部　黒住宗忠　水野忠邦　帆足万里　江川坦庵　藤田東湖　二宮尊徳　広瀬淡窓

大原幽学　島津斉彬　月照　橋本左内　井伊直弼　吉田東洋　佐久間象山　真木和泉　高島秋帆　シーボルト　高杉晋作　川路聖謨　横井小楠　小松帯刀　山内容堂　江藤新平　和宮　西郷隆盛　ハリス　森有礼　松平春嶽

中村敬宇　河竹黙阿弥　寺島宗則　樋口一葉　ジョセフ＝ヒコ　勝海舟　臥雲辰致　黒田清隆　伊藤圭介　福沢諭吉　星亨　中江兆民　西村茂樹　正岡子規　清沢満之　滝廉太郎　副島種臣　田口卯吉　福地桜痴　陸羯南　児島惟謙

荒井郁之助　幸徳秋水　ヘボン　石川啄木　乃木希典　岡倉天心　桂太郎　徳川慶喜　加藤弘之　山路愛山　伊沢修二　秋山真之　前島密　成瀬仁蔵　前田正名　大隈重信　山県有朋　大井憲太郎　河野広中　富岡鉄斎　大正天皇

津田梅子　豊田佐吉　渋沢栄一　有馬四郎助　武藤山治　坪内逍遙　山室軍平　南方熊楠　山本五十六　中野正剛　近衛文麿　河上肇　牧野伸顕　御木本幸吉　尾崎行雄　緒方竹虎　石橋湛山　八木秀次　▽以下続刊